英語力・知識ゼロから始める！

エル式 米国株投資で1億円

START FROM ZERO
AND
BECOME A
MILLIONAIRE
WITH US STOCKS

著 エル

ダイヤモンド社

目次

PROLOGUE

米国株でFIREを果たす

STEP 1 $

米国株最強の9つの理由

STEP
2

いまさら聞けない米国株投資の超基本Q&A

STEP

3

エル流 米国株選び6つのポイント

STEP 4

目的別 米国株投資の最強ケーススタディ6選

STEP 5

エル流 早期リタイア成功4つの条件

PROLOGUE

米国株で FIREを果たす

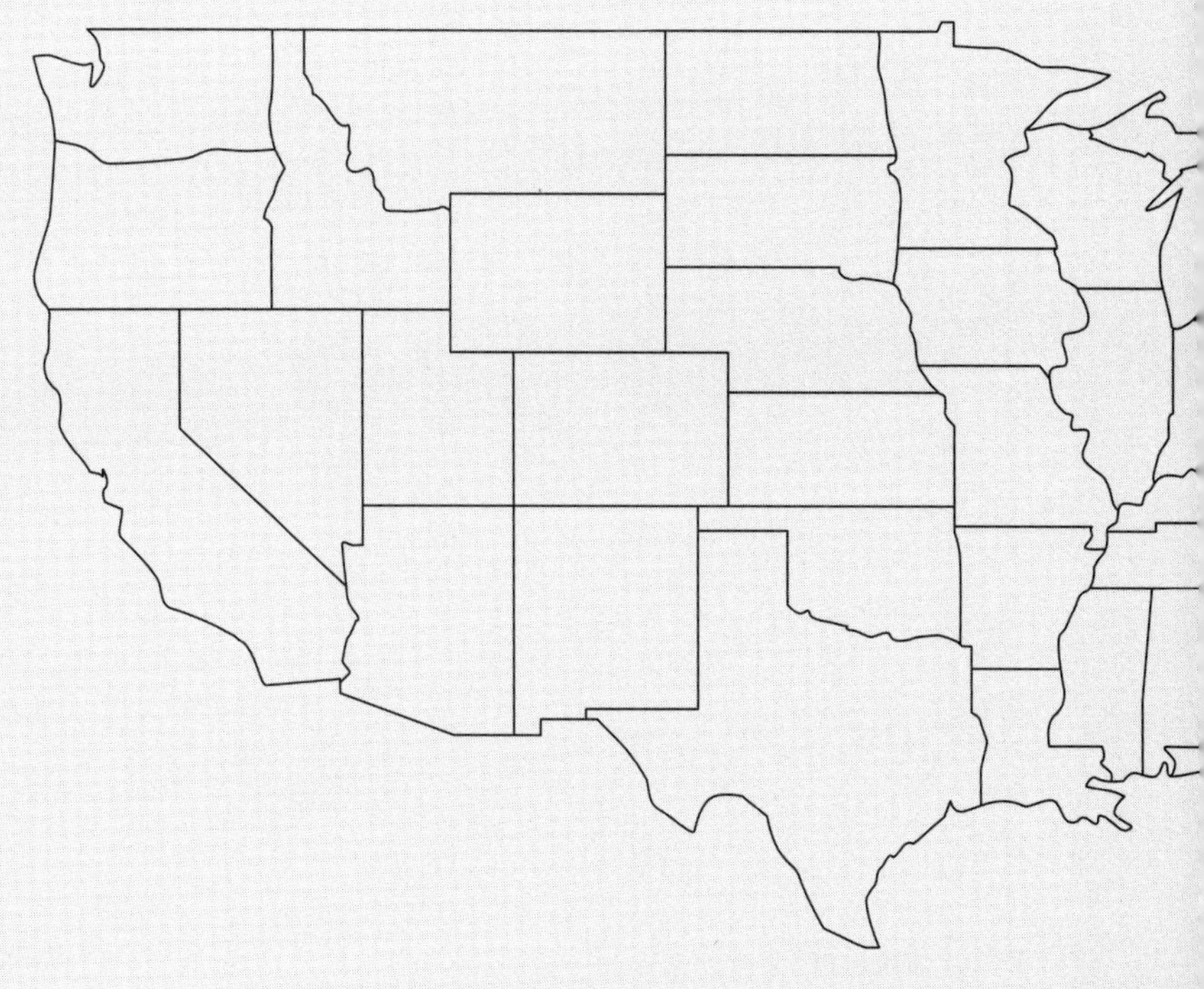

米国株投資は英語ができなくても大丈夫

私はサラリーマン2年目から株式投資を始め、40歳のときに「2020年までに株式投資で1億円の金融資産を築いて早期リタイアする」ことを目標に掲げました。

その目標を1年前倒しで実現して2019年、28年勤めた会社を51歳で早期リタイアしました（投資活動は継続していますから、「セミリタイア」と呼ばせてもらいます）。

家族は妻と息子2人。妻は4年ほど前から働いていますが、会社員時代もセミリタイアした現在も、家計の担い手は私です。いまは株式投資による収益で生活コストを賄（まかな）いつつ、金融資産を1億円から、さらに増やし続けています。

私のセミリタイアを可能にしてくれたのは日本株ではなく、米国株への中長期的な投資です。予定よりも早く1億円超を築く原動力になったのは、2016年から本格的に始めた米国株投資だったのです。

仮に米国株メインではなく、日本株メインのままだったら、1年前倒しのセミリタイアは不可能だったでしょう。リタイア後も米国株への投資を続けて、将来的には2億円、

3億円といった目標も射程に入っています。

あらためて自己紹介します。私は２０１７年から投資ブログ「【L】米国株投資実践日記」を運営しているエルと申します。

エルの由来である「L」は、このブログの前身として２００７年に開始した「レバレッジ投資実践日記」に由来します。

私のいう「レバレッジ投資」とは、自宅マンションを購入するための「住宅ローン」を低金利であえて最大限借り、浮かせた資金で株式投資をして、住宅ローン金利を上回るリターンを得るというものです。

これによりローンの早期完済と金融資産の上乗せの両立を実現。そのレバレッジ戦略を日記形式でブログに書いていました。

住宅ローンは２０１１年に完済して、２０１６年から米国株中心の投資へとシフトしたことから、現在のブログ名に変更しています。

本書では、私のセミリタイアを強力に後押ししてくれた米国株投資のメリットと具体的な実践法を詳しく紹介します。

「日本株投資ではダメなの？」

「米国株投資は上級者向けではないの？」

「英語で読み書きできないと投資できないのでは？」

そんな基本的な疑問にも明快に答えますから、株式投資自体がまったく初めてという人も安心して読み進めてください。

実は日本株よりも米国株のほうが資産を築きやすいうえに、日本株よりも初心者向け。さらに英語がダメでも難なく投資できるのです。

私自身も英語は決して得意ではなく、セミリタイア後に時間ができたことから、あらためて学んでいるくらいです。

きっかけはアマゾン・ドット・コム

参考までに、私のこれまでの投資の歩みを振り返っておきましょう。

サラリーマン2年目で投資を始めたのは、上司から「社会勉強のつもりで、株でもやってみたら？」といわれたことがきっかけでした。

ブログではこれまで伏せてきましたが、私が勤めていたのは某金融機関です。株式を扱っている証券会社ではなく、私自身は営業職でしたが、株式投資をすることで金融や経済の生きた知識と経験が身につくと考えて、上司がアドバイスしてくれたのでしょう。

始めのうちは、日本株と投資信託に投資していました。その後、株式投資にのめり込むきっかけとなったのは、1997年のファーストリテイリング（東証一部・9983）。地方に勤務していたとき、ロードサイドで「ユニクロ」の店舗を偶然目にして興味を持ち、いろいろと調べるうちに将来性のある会社だと思いました。

株価がまだ割安な時点で購入して、1999年にユニクロの「フリース・ブーム」が巻き起こって株価が爆上げしたタイミングで売却し、初めて大きな利益を得たのです。

米国株に初めて投資したのは、2005年のアマゾン・ドット・コム（AMZN）。アマゾンは赤字経営でしたが、通販サイトを自分で使ってみて、「これから大きく伸びそうな会社だ」と思ったことがきっかけでした。

米国株のカッコ内のアルファベットは「ティッカーシンボル」と呼ばれる記号であり、

日本株の証券コード（ファーストリテイリングのカッコ内に入れた4桁の数字）**のように、各銘柄を識別するためのものです。**

いまだにアマゾン・ドット・コムは、米国個別株ではいちばん多く保有しています。ブログを始めた2007年前後からは、米国株を含めた国際分散投資を行う「インデックスファンド」への投資も始めています。

金融機関では、職務上知り得た情報で「インサイダー取引」をしないように、配属部署ごとに社員の株式投資に制限がかかります。私も異動先によっては、株式投資に制限がかかることもありました。

2015年に地方勤務となり、そうした制約がほぼなくなったタイミングで、ちょうどインターネット証券での米国株の取り扱いが増えました。さらに米国株売買の税金問題をよりシンプルに解決する「特定口座」の開設も始まり、この年が日本における〝米国株元年〟となったのです。

この米国株元年に、私は株式投資の軸足を日本株から米国株へと移しました。そのときは気づきませんでしたが、いま振り返ってみると、そのシフトチェンジこそが私のセミリタイアを加速させるきっかけとなったのです。

一度買ったら長く保有し続ける「バイ&ホールド」

私がセミリタイアを考え始めたのは、40歳以降、そのまま会社に勤めていても明るい未来が待っているとは思えなくなったからでした。

20代ならいくらでも夢は描けますが、40歳前後になると、会社における自分の立ち位置がわかってくるものです。

会社の定年は60歳でしたが、金融機関では50歳前後から第一線を退き始めます。出世レースを勝ち抜いて役員になる一握りの同期を除くと、本社からグループ企業や取引先などへの出向が増えてくるのです。

それまではキャリア形成の一環としての異動・転籍だったものが、片道切符で本社には戻って来られないケースが大半となります。まさにテレビドラマ『半沢直樹』の世界です。

しかも、1週間前になって突如として出向を命じられることも多々あります。拒否することはできますが、拒否すればするほど、次に提案される条件は悪くなるばかりです。

55歳からは「役職定年」となって役職を解かれますから、運よく本社に居残れたとしても、以前の部下の下で働くことを余儀なくされます。それが平気な人もいるでしょうが、私はあまりいい気分がしないだろうと想像しました。

他に何も手段がないと、残されたサラリーマン人生はお先真っ暗で絶望しそうですが、私にはセミリタイアを叶えてくれそうな「米国株投資」という頼れる武器がありました。

50代が目前に迫ってくると、セミリタイアを真剣に考える理由が増えました。家族とすごす時間をもっと増やしたいと思うようになったのです。

サラリーマン生活は何かと忙しく、家族とすごす時間が犠牲になっていました。

私の父は数年前に亡くなり、残された母は関西の地元で一人暮らしをしています。父の介護に明け暮れた母に親孝行をして、旅行に連れて行ってあげたいと考えたのですが、サラリーマン生活をしていては、それも満足にできません。

母は70代後半でしたから、退職まで勤め上げた頃には、足腰が弱って旅行に行けなくなってしまうかもしれません。息子たちともっと向き合う時間も欲しいと思いましたし、家族みんなで海外旅行するのが長年の願いでした。

こうした願いを叶えるためにも、セミリタイアしたいと強く思い始めたのです。

私がすすめる米国株投資の基本は、デイトレーダーのように年がら年中パソコンの前に張りついて短期売買を繰り返すようなスタイルではありません。一度買ったら長く保有し続ける「バイ＆ホールド」の中長期投資です。

これなら、かつての私のようにサラリーマンとして仕事をこなしながら、副業感覚で続けることができます。

私は金融機関に勤めていましたが、仕事上で得られた知識を駆使して米国株投資を成功させたわけではありません。仕事とは完全に切り離し、自由時間に株式投資をしながら、実践して身につけた自分なりのリテラシーが役立ちました。

本書は、私の米国株のリテラシーをギュッと凝縮させたもので、５つのＳＴＥＰで構成されており、幅広い読者を想定しています。

米国株どころか、株式投資自体やったことがない超初心者なら、ＳＴＥＰ１から順番に読んでみてください。ＳＴＥＰ４まで読み進めた頃には、「明日にでも米国株を買おう！」という気分になっているでしょう。

米国株の知識がすでにある経験者にとって、ＳＴＥＰ１〜２は釈迦に説法だと思います。

ＳＴＥＰ３から読み進めてくださっても結構です。

「40代で会社を辞めて自由になりたい」とか「30年後には1億円を貯めたい」といった具体的なビジョンがある方には、年代と目的別に米国株の具体的な投資法をまとめたＳＴＥＰ４がきっと役立つと思います。ここでは、「10年間で1億円を超える」というニーズにも、私なりの回答を示してみました。

早期退職＆セミリタイアにまつわる話は、最後のＳＴＥＰ５にまとめています。早期リタイアに興味がある方は、そこから読み始めてもよいでしょう。

どんな読み方をするにしても、本書がきっかけとなり、一人でも多くの人が米国株投資のメリットを知り、自分らしい人生を歩むためのツールの1つに加えてくれるとしたら、著者しては望外の喜びです。

STEP 1

米国株最強の9つの理由

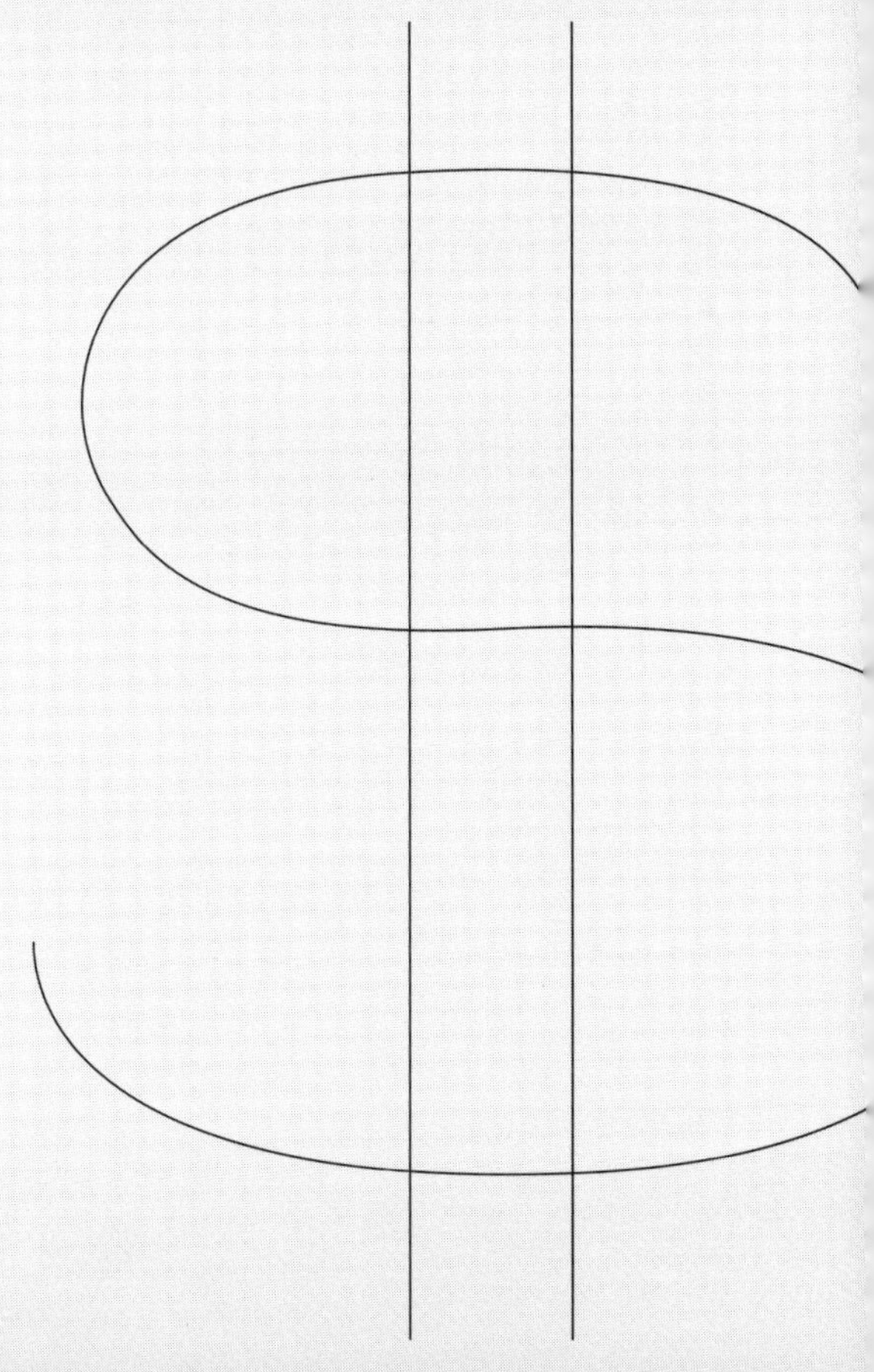

株式投資は〝米国株一択〟

日本株にすら投資したことがない株式投資の初心者にとって、米国株はハードルが高すぎるというイメージがあると思います。

でも私は、初心者こそ米国株に目を向けるべきだと思っています。

投資家が自国外の投資に慎重になり、自国内の投資に偏重することを「ホームカントリー・バイアス（ゆがみ）」といいます。いまこそ日本人が日本株を第一選択肢にしがちなホームカントリー・バイアスを解き放つべきなのです。

さて、米国株最強の理由は、次の９つです。

1／**長く安定的な収益実績があり、連続増配している銘柄が多い**
2／**高いブランド力を持ち、世界でビジネスを展開している銘柄が多い**
3／**大きな企業でも高い成長力がある**
4／**プロの経営者が経営している企業が多い**

5／株式市場のスケールが大きく、世界中から資金が集まっている

6／株式市場の透明性も高く投資環境が整っており、新陳代謝も活発

7／米国株はずっと値上がりが続いている

8／米国株は何度暴落しても、異次元の回復力がある

9／人口が増えて国力が成長し、生産も消費も増え続ける

1つひとつ詳しく見ていきましょう。

1／長く安定的な収益実績があり、連続増配している銘柄が多い

株式投資で得られる利益には、保有株の株価上昇による値上がり益（キャピタルゲイン）と、持株数に応じた配当金（インカムゲイン）があります。

資産形成を狙う中長期投資では、配当金を得たら、それを再投資して「複利」で運用して資産を殖やすのがセオリーです。

その点、米国株には長く安定的な収益実績があり、その結果として配当金を毎年増やし

ている企業がたくさんあります。そうした企業の株価は、長い目で見ると右肩上がりになり、早めに投資すると、キャピタルゲインとインカムゲインの両方が得られます。

たとえば、**「P&G」の略称で知られている世界最大の日用品メーカーであるプロクター・アンド・ギャンブル（PG）は、66年間も連続増配を続けています。**

P&Gは消臭剤『ファブリーズ』、衣料用洗剤『アリエール』、紙おむつ『パンパース』、ヘアケア製品『パンテーン』などの有力ブランドを多数持ち、日本でもテレビなどでそれらのCMを目にしない日はないほどです。

「3M」の略称で知られる化学・電気素材がメインの多角経営企業スリーエム（MMM）も61年間の連続増配を続けています。

学生もサラリーマンもお世話になっている『ポストイット』で有名ですが、3Mの事業でいちばん大きいのは自動車関連であり、日本でも道路標識のペイントなどに3Mの製品が使われています。

ジョンソン・エンド・ジョンソン（JNJ）や、ザ コカ・コーラカンパニー（KO）といった日本でもお馴染みの企業は、57年間連続増配をしています。

長年にわたって連続増配を続けているのは、これらの米国株だけでありません。

『米国会社四季報』（東洋経済新報社）の2020年秋冬号によると、30年以上連続増配を続ける企業は全部で45社にも上っています。

これに対して、日本株で30年以上連続増配を続ける企業は一体いくつあるでしょうか？

正解は、たった1社。P&Gと同じく日用品メーカーである花王（東証一部・4452）だけなのです。花王を含めて、20年以上連続増配をしている企業は、日本にはたった6社しかありません。

いまから60年前というと1960年代です。この間、人びとのライフスタイルは大きく変わり、嗜好もガラリと変わっています。

19世紀に進化論を唱えたチャールズ・ダーウィンの「唯一生き残れるのは、環境の変化に適応できたものである」という名言があるように、連続増配している企業には環境の変化に柔軟に対応できる強みがあるといえます。

半世紀を超える長い期間では、経済と市場に何度も何度もピンチが訪れます。ここ20年に限っても、2000年の米ITバブル崩壊、2008年のリーマンショック、2020年のコロナショックと、相場が大きく下落する局面がありました。

それにもかかわらず、**増配が途切れないのは、企業の基礎体力にあたる「財務基盤」が盤石で、危機に対応する余力が十二分に備わっている証拠です。**

この先も、同じように数々の試練が訪れるでしょうが、連続増配を続けてきた過去の実績を踏まえれば、どんなピンチがやってきたとしても、連続増配銘柄はそれに負けない体力を持っていると考えられます。中長期投資で選ぶべきなのは、そんな米国株なのです。

なぜ日本株には連続増配をしている銘柄が少ないのに、米国株には多いのでしょうか？

理由はいくつも考えられますが、根本にあるのは「収益性」の違いです。**日本企業は米国企業と比べて収益性が低すぎるのです。**

配当金の源泉になっているのは企業活動で得られた収益ですから、多くの収益が上げられなかったら配当金を増やせません。

私が株式投資を始めた30年ほど前に比べると、日本企業の財務基盤は格段によくなっています。自己資本比率（貸借対照表で会社の安全性を読みとる指標）も高くなり、総資産回転率（事業に投資した総資産がどれだけ有効に活用されたかを示す指標）も米国企業と遜色のないところまでレベルアップしています。

しかし残念ながら、収益性の低さは30年前から大きく変わっていないのです。収益性が低いと、絶対的な利益額が小さくなります。それでは株価も上がりませんから、時価総額（株価×発行済株式数）も大きくなりません。年々成長を続けて大きくなる〝米国連続増配株〟と比べると、日本企業は相対的にスケールが小さくなっているのです。

日本企業の収益性の低さには、苛烈すぎる市場競争が背景にあると私は見ています。市場競争が激しく、ライバルに打ち勝つために価格を下げる競争をしてくれると消費者としては大助かりですが、企業の体力を奪い収益性を押し下げます。市場での適切な競争は不可欠ですが、日本では中小企業を中心として企業の淘汰が進んでおらず、本来ならば潰れてもおかしくないような収益性の低い〝ゾンビ企業〟が数多く存在しているのが実情です。

これは戦後一貫してとられてきた国の施策によるところが大きいです。国政を長年担ってきた保守勢力の有力な支持層の1つが、中小企業の担い手だったからでしょう。

菅義偉政権のブレインの一人であり、大手投資銀行ゴールドマン・サックスで日本経済の「伝説のアナリスト」として名を馳せたデービッド・アトキンソン氏は、「日本企業の生産性が低いのは、生産性が低い中小企業が多いからだ」と常々指摘しています。

生産性が低い中小企業が数多く存在しているために競争が激しくなり、結果として収益性が低下するという現象が起こっているというのです。

生産性とは、ビジネスに投入したリソースから得られるリターンの程度を示しており、生産性が高まれば収益性も高まります。

アメリカでは企業の「選択と集中」がはっきりしており、生産性と収益性が低く、競争力のない企業は株式市場からの退場を余儀なくされます。

生産性と収益性が高く、優れた競争力を持つ企業は、ライバルとの競争を勝ち抜き、高いシェア（市場占有率）を背景に価格決定力を握ります。

シェアが高く価格決定力を持つからこそ収益性は高まり、連続増配が続けられて株価も上がる。そうした企業が、米国株には多いのです。

2／高いブランド力を持ち、世界でビジネスを展開している銘柄が多い

米国株に投資すべき2つ目の理由は、高いブランド力を持ち、世界中でビジネスを展開

Best Global Brands 2020

順位	ブランド名	前年
1	アップル	1
2	アマゾン	3
3	マイクロソフト	4
4	グーグル	2
5	サムソン	6
6	コカ・コーラ	5
7	トヨタ自動車	7
8	メルセデス・ベンツ	8
9	マクドナルド	9
10	ディズニー	10

している企業が多いことです。

世界的なブランド力があれば競争力は高まり、世界中でビジネスを展開して高い収益が上げられます。

世界最大のブランディング会社である米インターブランド社が発表する「Best Global Brands 2020」というランキングがあります。これは、世界的なブランドの「収益性」「価値」「カリスマ性」などを評価したものです。

そのトップ10のうち、7社は米国企業。日本は1社だけトヨタ自動車（東証一部・7203）がようやく7位に入り、韓国のサムソンが5位、ドイツのメルセデス・ベンツが8位となっています。

ランキングを100位まで広げても、その半数をアメリカのブランドが占めています。

それに対して日本企業で100位以内にランクインしたのは、トヨタ自動車以外にはホンダ（20位、東証一部・7267）、ソニー（51位、東証一部・6758）、日産自動車（59位、東証一部・7201）、キヤノン（71位、東証一部・7751）、任天堂（76位、東証一部・7974）、パナソニック（85位、東証一部・6752）の6社のみ。日本では知らない人がいないようなイオン（東証一部・8267）、ソフトバンク（東証一部・9434）といったブランドはランク外なのです。

米国企業でとくに大きなブランド力を発揮しているのは、IT（情報技術）セクターと生活必需品セクターです。「セクター」とは、おもに業種・業界を指します。

世界のIT業界を牛耳るGAFAM（Google, Amazon, Facebook, Apple, Microsoft）に代表されるアメリカのITセクターは、パソコンやインターネットを活用する際に不可欠なプラットフォームを世界的な規模で標準化しています。

グーグルを介さずにインターネット検索をするのは困難ですし、マイクロソフトの「Office」ソフトを使わずにビジネスを進めるのは難しいでしょう。この状況が劇的に変わることはおそらくないでしょうから、アメリカのＩＴセクターは中長期的に成長を続けると考えられます。

食品やトイレタリー（身なりを整えたり、清潔にしたりするために必要な洗面用具や化粧品など）といった生活必需品のセクターでも、米国企業は無類のブランド力を発揮しています。

前述のコカ・コーラやペプシコ（ＰＥＰ）以外にも、すでに触れたＰ＆Ｇの各ブランド、歯磨き粉の『コルゲート』で知られるコルゲート・パルモリーブ（ＣＬ）などがあります。コルゲート・パルモリーブも、57年連続増配を続けている優良企業です。

生活必需品のセクターは、多少景気が悪くなったとしても、売上高や収益が大きく落ち込むリスクが低いという特徴があります。

生活必需品は総じて価格が高いわけでもありませんし、日々の暮らしに欠かせないものを節約するわけにもいきません。景気が悪くなっても食事を制限したり、洗濯を控えたり、歯を磨かなくなったりするわけではないからです。

しかも、人にはそれぞれお気に入りのブランドがあり、ある程度ブランド力があれば、景気が悪化したからといって、そうそう乗り換えられる心配も少ないのです。

3／大きな企業でも高い成長力がある

エル流の米国株投資では、誰もが知っているような有名&有力企業で時価総額が大きく、市場で盛んに取引されている銘柄（大型株）に投資することを基本としています。

そうしたメジャーな銘柄でも、つねに成長を続けているのが日本株にはない米国株の長所です。成長を続けていれば、収益も株価も上昇が期待できるというわけです。

時価総額で世界第4位（２０２０年12月末時点）**のアマゾン・ドット・コム**（ＡＭＺＮ）**の売上高成長率は、２０２０年に31％以上を記録しています。電気自動車の市場を牽引するテスラ**（ＴＳＬＡ）**の売上高成長率も21％と高いです。**

日本でアマゾン・ドット・コムのライバルというと、楽天（東証一部・４７５５）ですが、楽天の売上成長率はアマゾンには及びません。

テスラと同じ自動車メーカーでいうなら、日本における対抗馬はトヨタ自動車しかないでしょう。トヨタ自動車の時価総額は日本ナンバーワンで約25兆円（２０２１年１月22日時点）ですが、テスラの時価総額はそれを超える約８０１０億ドル（およそ84兆円＝２０２１年１月21日時点）と世界の自動車業界のトップの座に君臨しています。

トヨタ自動車の売上高成長率は、コロナ禍の影響もあってほぼ横這いで推移していますから、テスラの21％という数字は驚異的です。

4／プロの経営者が経営している企業が多い

アメリカの最高経営責任者（ＣＥＯ）の報酬が高すぎるという批判を耳にしたことがある人も多いでしょう。

『米国会社四季報』によれば、ＣＥＯの年間報酬が１０００万ドル（およそ10億円）を超える企業は20社あります。最高額は、「ディスカバリー」などの番組制作・チャンネル運営を手がけるディスカバリー・コミュニケーションズ（ＤＩＳＣＡ）で年間報酬は２５４３万ドル（およそ26億円）、２位は高級カジノ運営で知られるラスベガス・サンズ（ＬＶＳ）で２３６８万ドル（およそ25億円）、３位はフェイスブック（ＦＢ）で２３４１万ドル（およそ24億円）となっています。

ＣＥＯが桁外れの報酬を得ている現状は、米国社会の貧富の差の象徴のようにいわれることもあります。そうした見方がある一方、高額の報酬に見合うだけの実力を持つプロフェッショナルの経営者が多いという見方もあります。アメリカは徹底した実力社会ですから、経営能力のないCEOに高額の報酬を支払うことを許すはずがないのです。

目の玉が飛び出るような高額報酬をもらうアメリカの経営者は文字通り経営のプロで、ハーバード大学、イェール大学、シカゴ大学などの名立たる名門でMBA（経営管理修士）を取得している人が少なくありません。

学位の有無はともあれ、機関投資家の凄腕アナリストたちと普通に会話できるマネーリテラシーを持つ人ばかり。経営の才能を買われて、異なる業界をわたり歩く強者も少なくないのです。

日本も、かつてに比べるとプロの経営者が増えてきました。

超一流のプロ経営者は売り手市場ですから、高給を提示しないと雇えません。そうしたことから日本企業でも、10億円以上の役員報酬を得ている役員が10人に上ります。そのうち6人を外国人が占めています。

1位のセブン&アイ・ホールディングス（東証一部・3382）の取締役J・M・デピント氏で年収24億7400万円、3位のソフトバンクグループ（東証一部・9984）の副社長M・クラウレ氏は年収21億1300万円となっています。

それでも多くの日本企業の経営トップは、サラリーマン社長です。会社ひと筋の叩き上げでトップの座に就いた人が多いようです。創業者一族が長年経営に関与し続ける弊害も多く見受けられます。

サラリーマン社長や創業者社長は、その業界では実績があるとしても、経営のプロで金融や株式に関するリテラシーが高いとは限らないでしょう。プロ経営者がマネジメントするアメリカのメジャーな企業のほうが、サラリーマン社長や創業者社長がマネジメントする日本企業より、収益も株価も上がりやすく、中長期の投資先として相応しいのです。

5／株式市場のスケールが大きく、世界中から資金が集まっている

世界の株式の時価総額は約98兆7000億米ドル（2020年11月末時点）。そのトップは米国株で、全体の41・3%を占めています。金額にすると40兆8000億米ドルです。それに対して日本株は6・9%。米国株の6分の1ほどの規模です。

私は米国個別株ばかりでなく、米国株ETF（上場投資信託）への投資もすすめます。こ

れは、Ｓ＆Ｐ５００やニューヨーク・ダウ（ダウ工業株30種平均）といった株価指数（市場全体の株価の動きを反映するようにデザインされたもの）などに連動するように運用されているものです。

米国株ＥＴＦの運用会社は、裏づけとなる米国株を実際に保有しており、株式と同じようにニューヨーク証券市場（ＮＹＳＥ）や東京証券市場といった株式市場で自由に売り買いできます。

アメリカでは２２００本近いＥＴＦが取引されており、資産額は４兆４５２０億米ドル（約４６７兆円）を超えています。東証一部２１９０社の時価総額がトータルで約６９４兆円（２０２１年１月22日時点・発行済み株式ベース）ですから、いかにアメリカのＥＴＦに多くの資金が集まっているかがわかります。これだけ大きな資金が集まるのは、それだけ米国株が魅力的であり、利益をあげられる期待値が高いからです。

日本の公的年金を運用している「年金積立金管理運用独立行政法人」（ＧＰＩＦ）は、１７２兆円もの資産を運用する世界最大級の機関投資家ですが、資産の26％ほどを外国株式で運用しており、ＥＴＦなどを介して多くの資金を米国株で運用して多額の運用益を上げています（２０２０年９月末時点）。

6／株式市場の透明性も高く投資環境が整っており、新陳代謝も活発

米国経済のベースとなっているのは、自由かつ公平な競争ですが、その原理原則は株式市場でも貫かれています。

日本を含めた世界中から米国株式市場に大量のお金が流れ込むのは、魅力的な有力株が集まっていることに加えて、投資関連の法整備が進み、株式市場の透明性が高く、投資環境が整っているからです。

ニューヨーク証券取引所（NYSE）やナスダック証券取引所（NASDAQ）といった米国株式市場は、上場する企業に課せられる基準が厳しく、上場企業は企業の本来の所有者である株主を大事にする「コーポレート・ガバナンス」がしっかりしています。

コーポレート・ガバナンスとは、日本では「企業統治」と訳されています。具体的には、「株式会社は資本を投入している株主のものである」という基本を前提にして企業経営を管理・監督する仕組みのことです。

米国企業はコーポレート・ガバナンスの原則を守り、企業価値を向上させて株主への最大限の利益還元を目標に経営します。その一環として経営の意思決定を行う取締役（その

トップが最高経営責任者＝ＣＥＯ）と業務執行を担う執行役（そのトップが最高執行責任者＝ＣＯＯ）を分離したり、第三者的な立場で経営を監視する社外取締役を置いたりしています。

日本企業でもコーポレート・ガバナンスの重要性は認識されていますが、それがちゃんと機能しているかどうかは疑問です。社外取締役を置いている企業でも、それは形だけでコーポレート・ガバナンスに寄与していないケースが多く見られます。

米国株式市場では少しでもコーポレート・ガバナンスに疑いがあると、たちまち他の銘柄と入れ替えられてしまい、大勢の投資家の信頼を失います。

そもそも米国の株式市場に比べると、日本の株式市場では上場要件が甘く、上場企業のコーポレート・ガバナンスも着実に機能しているとはいい難い部分もあります。

コーポレート・ガバナンスに欠陥があり、ニュースになるような不祥事を引き起こした企業が、そのまま上場企業として残っていることも少なくありません。

たとえば、大手電気メーカーの東芝（東証二部・６５０２）は、２０１５年に利益水増しによる粉飾決算が発覚しました。

水増しした利益は、７年間で２２４８億円にも上りました。ところが東証は、東芝を〝取扱注意〟の「特設注意市場銘柄」に指定しただけで、上場廃止にはしませんでした。

その後、2017年には債務超過により東証一部から東証二部へ降格。東芝はコーポレート・ガバナンスを強化したはずですが、2020年には子会社で再び不適切会計が発覚し、東証一部への昇格に暗雲が立ち込めています。

こんなことでは市場の公平性と透明性を大きく傷つけてしまうのです。


日米の株式市場の違いをはっきり示すのが、両国の代表的な株価指数である「日経平均株価」と「S&P500」の銘柄の入れ替え率の違いです。


日経平均株価は、東証一部に上場している2190社のうち、取引が活発な225銘柄の株価をもとに算出される株価指数です。一方のS&P500は、ニューヨーク証券取引所と新興企業が多いナスダックに上場する500銘柄から算出される株価指数です。

日経平均株価を構成する225銘柄のうち、入れ替わるのは1年あたり1～2社程度。毎年9月に発表、10月に入れ替えられますが、2020年は1社だけでした。業種セクター間の銘柄数の過不足調整により日本化薬（東証一部・4272）が除外され、市場流動性の観点からソフトバンク（東証一部・9434）が採用されました。

このように日本の株式市場では、激しい市場環境の変化を反映して、新陳代謝が活発に行われているとはいえない状況なのです。

S&P500では、1年あたり20社前後が入れ替わっています。

M&A（企業の合併・買収）や部門売却、倒産、上場廃止などで対象から外れる銘柄もありますが、指数を策定する主体である「S&Pダウ・ジョーンズ・インデックス」の裁量による入れ替えも多く、コーポレート・ガバナンスがきっちりと機能し、企業価値の向上と株主への利益還元を行っている銘柄だけが生き残れるようになっているのです。

1896年発足とS&P500よりも歴史が古く、アメリカでもっとも有名な株式指数であるニューヨーク・ダウ（ダウ工業株30種平均）も、ニューヨーク証券取引所とナスダックに上場している有力30銘柄から算出されています。

2018年にはゼネラル・エレクトリック（GE）が算出対象から外されて、発足から生き残っている銘柄はとうとうゼロになりました。ゼネラル・エレクトリックは時価総額で一時世界最大でしたが、近年の業績不振による株価低迷によって除外を余儀なくされたのです。

個人投資家が中長期で利益を上げるなら、不透明で新陳代謝も遅い日本の株式市場より、透明性が高くて新陳代謝も早く、より投資環境が整っている米国株式市場での投資を考えるべきです。

7／米国株はずっと値上がりが続いている

米国株に限らず、日本株も含めて世界中の株式市場には、好不調の波があります。その意味では米国株が一度も下落せず、ずっと右肩上がりになっているわけではありません。

しかし、日本市場に比べると、米国市場が力強い上昇を続けてきたというのは、間違いのない事実です。私があらためて１９８４年末から２０２０年９月末まで35年以上のデータを分析したところ、次のような事実が判明しました。

まず、この期間を選んだのは、１９９０年をピークとする日本のバブル経済とその後バブル崩壊、２０００年の米ＩＴバブル崩壊と２００８年のリーマンショックという景気の荒波を経ているからです。

日本株の有力なベンチマーク（指標）である日経平均株価は、１９８４年末日で

1万1542円でした。その35年後の2020年9月末には、日経平均は2万3185円まで上昇。要するに2倍になっています。

一方、米国株の有力なベンチマークであるS&P500は、1984年末日で167米ドルでした。1米ドル105円で換算すると1万7535円ですから、日経平均とあまり変わらない水準です。

ところが、**2020年9月末のS&P500は3365米ドルになっています。つまり20倍になっているわけです。1米ドル105円で換算すると、35万3325円という桁外れの成長を示しています。**

短期的には乱高下があるにしても、中長期で比較すると、日本株より米国株のほうが上昇し続けているということは疑いのない事実といえるでしょう。

米国株が右肩上がりになっているいちばんの理由として挙げられるのは、米国企業の収益性が高いことです。前述のように、アメリカでは収益性を高める株主重視のコーポレート・ガバナンスが浸透しており、経営陣は収益性を高める努力をつねに怠りません。

株式市場も収益性の低い銘柄は容赦なく追い出そうとしますから、新陳代謝が進んで、結果的に収益性の高い精鋭メンバーだけが残っているのです。

そうなれば、株価が上がるのは当たり前。そこから有名&有力銘柄を選抜して投資するスタイルならば、右肩上がりの米国株の恩恵を享受しやすいといえるでしょう。

もちろん、米国株ならなんでも株価が右肩上がりになるわけではありません。

世界最大の新興企業向け市場のナスダックには、ＩＴ企業など成長著しい銘柄が数多く上場しています。３０００を超える銘柄すべてを対象とする「ナスダック総合株価指数」は、ニューヨーク・ダウの動向とセットで日本のニュースでも毎日伝えられています。

しかし、ナスダックには〝黒歴史〟もあります。

アメリカでは２０００年をピークとするＩＴバブルが起こりました。社名に「ドットコム」とつく企業の銘柄が軒並み上がるというウソのようなホントの話があり、そこから「ドットコム・バブル」とも呼ばれます。

ナスダックに上場している銘柄の株価も上昇し、ナスダック総合株価指数は２０００年に最高値を記録しましたが、直後にＩＴバブルが崩壊。ナスダック総合株価指数は、15年後の２０１５年まで最高値を更新できませんでした。

私もアマゾン・ドット・コムやアップル（ＡＡＰＬ）、マイクロソフト（ＭＳＦＴ）、テスラ（Ｔ

ＳＬＡ）などナスダック上場企業に投資していますが、誰もが知るようなメジャーな企業を除いてナスダックへの個別株投資は推奨していません。歴史が繰り返され、また20年前と似たようなバブル崩壊が起こらないとも限らないからです。

ナスダックのような新興市場に投資したいなら、あまり有名ではない企業への個別株投資よりも、ナスダック総合株価指数に連動する米国株ＥＴＦへの投資がおすすめです。それは、一時的に過熱しすぎたブームが弾けて株価が下落する際、損失が最低限に抑えられるからです。

8／米国株は何度暴落しても、異次元の回復力がある

米国市場に限らず、株式市場に暴落はつき物です。ニューヨーク・ダウも１９８０年代から現在に至るまで、少なくとも4回の大暴落を経験しています。

１９８７年10月19日の「ブラックマンデー」では、ニューヨーク・ダウは22・６％下落しました。その原因がなんだったかは、いまでも専門家の意見が分かれるところであり、複数の要因が複雑に絡み合って起こったと考えられます。

この22・6％という下落率は、世界大恐慌の引き金として教科書にも載っている1929年のウォール街大暴落時の下落率12・8％を大きく上回ります。

10年後の1997年10月27日には、タイを震源地として始まった「アジア通貨危機」の余波を受けて、ニューヨーク・ダウは7・2％下落しました。

さらに11年後の2008年10月15日には、「100年に1度の金融危機」と騒がれたリーマンショックが起こり、ニューヨーク・ダウは7・87％下落しました。リーマンショックの引き金は、低所得者向け住宅ローン「サブプライムローン」の多くが不良債権となり、多額の損失を抱えた大手投資銀行リーマン・ブラザーズが破綻したことです。

そして2020年3月12日には、新型コロナウイルスの感染拡大でトランプ大統領がイギリスを除く欧州からの入国制限を発表したこともあり、リーマンショックを上回る9・99％という下落率を記録しました。

このコロナショックではあまりにも下落が激しかったため、株価に一定以上の変動が起こると取引を自動的に一時停止する「サーキットブレーカー」が2013年の改定導入後、初めて作動しました（3月だけで合計4回作動）。

こうして歴史をたどってみると、「この先も定期的に暴落が起こるかもしれないから米国株投資は怖い」と思うかもしれませんが、それはあまりに単純すぎます。

米国市場が暴落しているときには、日本でもアジアでもヨーロッパでも暴落が起こっています。世界経済は一体化しており、下落率に差はありますが、米国株が暴落しているときには日本株も暴落しているのです。

米国市場が他の市場と大きく異なるのは、暴落を何度経験しても異次元の回復力を見せている点です。収益性と成長性に富んだ企業が多く集まっているため、いち早く世界中からお金が集まってくるのです。

2008年のリーマンショックでは、前年10月に1万4000ドルだったニューヨーク・ダウが、2009年3月には7000ドルを割り込んで半分以下になりました。投資の神様ウォーレン・バフェット氏が「アメリカ経済は2009年を通して大混乱に見舞われるだろう」と発言したことも影響したとされています。

ところが、その4年後の2013年3月には1万4000ドルを超えて、リーマンショック直前の水準まで回復しました。

現在のニューヨーク・ダウは、リーマンショック前の2倍以上になっています（2021年1月21日時点）。

米国市場に比べると、日本市場の回復力は決して強いとはいえません。その事例としてよくとり上げられるのが、バブル崩壊後の回復力の弱さです。

1989年12月末、日経平均株価は終値で3万8915円という史上最高値をつけました。しかし、1990年の年始から株価は下落し始め、1991年のバブル崩壊から2010年頃まで日本は経済低迷が続きます。いわゆる「失われた20年」です。

この間、2003年4月には日経平均は20年ぶりに8000円を割り込み、バブル崩壊後の最安値7607円を記録。リーマンショックでは2008年10月、一時6994円まで下落しました。

2013年からの「アベノミクス」で株価は上昇に転じて、2018年10月には27年ぶりの高値となる2万4448円まで回復。2021年1月8日の日経平均株価は、約30年5か月ぶりの高値（2万8139円）となって話題になりましたが、バブル崩壊から30年経っても一度たりとも3万円の大台すら超えておらず、完全復活していないのです。

未来を予測することは誰にもできません。しかし、たとえ暴落しても異次元の回復力を見せてきた米国株のほうが、回復力が弱い日本株よりも中長期投資の対象として適しているでしょう。

9／人口が増えて国力が成長し、生産も消費も増え続ける

日本では、1960年代から戦後の高度経済成長が始まりました。その源泉として勤勉性や教育水準の高さなどが挙げられてきましたが、もっとも大きな要因は「人口ボーナス」の恩恵を受けたことです。

15～64歳の生産年齢人口が、その他の人口の2倍以上あることを「人口ボーナス」といいます。人口ボーナスがあれば、豊富な若い労働力が経済を回すエンジンになり、活発な消費行動で需要も高まります。若い世代が多いと社会保障に回す資金も少なくて済み、その分だけ経済を成長させるための原資として活用できるのです。

高度経済成長を享受した日本でも、1990年をピークとして経済的な停滞に陥り、現在に至るまで低成長を続けています。その背景にあるのは、少子高齢化の進行による人口減少と生産年齢人口の減少です。

2008年をピークとして日本の総人口の減少は始まっており、国立社会保障・人口問題研究所の『日本の将来推計人口』によると、約30年後の2053年には日本の総人口は1億人を割り込むとされています。

米ワシントン大学による80年後の2100年の日本の推計人口は、現在の半分以下の6000万人。そんな先の心配をしても仕方ないと思うかもしれませんが、人生100年時代が本当に訪れるなら、いま20歳の人は2100年まで元気で長生きしているかもしれません。

独立行政法人労働政策研究・研修機構の『データブック国際労働比較2019』による と生産年齢人口は次のように推移します。

【日本の15～64歳の生産年齢人口の変化】

・2000年：8701万人（総人口に占める割合：68・2％）
・2020年：7482万人（総人口に占める割合：59・2％）
・2030年：7004万人（総人口に占める割合：58・0％）
・2050年：5366万人（総人口に占める割合：50・7％）

人口が激減し、生産年齢人口も減り続ける日本に経済成長を望むのは、無理があります。

それでも投資先として日本株を選ぶべきなのでしょうか。

アメリカも2010年代に人口ボーナス期は終了していますが、総人口と生産年齢人口は増え続けています。出生率は下がっているものの、人口流入が活発であり、主要先進国でほとんど唯一人口増加を続けているのです。

私が子どもの頃には、アメリカの総人口は約2億人と教わったものですが、現在はおよそ3億3000万人に増えています。

2019年に国際連合が発表した世界の人口予測では、2050年のアメリカの総人口は3億8000万人に増加するとされています。同時期の日本の予測値の約3・7倍です。

前述の独立行政法人労働政策研究・研修機構のデータでは、アメリカの15〜64歳の生産年齢人口の予想推移は次のようになっています。

【アメリカの15〜64歳の生産年齢人口の変化】

・2000年：1億8583万人（総人口に占める割合：66・0％）
・2020年：2億1514万人（総人口に占める割合：65・0％）
・2030年：2億1767万人（総人口に占める割合：62・3％）
・2050年：2億3176万人（総人口に占める割合：61・1％）

加えて、デジタル通貨や暗号通貨が広がったり、中国がさらに台頭してきたりしても、当面は米ドルが「基軸通貨」であることは変わらないでしょう。基軸通貨とは、国際通貨のなかでも中心的な地位を占め、各国での通貨の価値基準となり、貿易や株式投資などの金融取引でもっともよく使われる通貨を意味します。

アメリカの人口と生産年齢人口の増加は、生産と消費を増やして国力と経済力の成長に寄与します。米ドルが今後も基軸通貨であり続けるという状況を踏まえると、大局的にはアメリカの国際的な地位は揺るがず、株式市場も成長すると考えられます。

以上、米国株最強の9つの理由を述べてきましたが、中長期の投資先として相応しいのは、日本株よりも米国株であることがおわかりいただけたのではないでしょうか。

STEP 2

いまさら聞けない米国株投資の超基本Q&A

このSTEPでは、米国株投資の基礎知識をわかりやすく伝えるために、Q＆A形式で基礎の基礎からお伝えします。

Q　米国株はどこで買えますか？

A　日本のネット証券で買うのが手軽です。

米国株を買うのに、アメリカの証券会社に口座を開く必要はありません。日本の証券会社に**「外国株式取引口座」**を開けば、日本株と同じように買えます。

証券会社には、店頭で売買ができる店頭証券と、インターネットで取引するネット証券があります。私が株式投資を始めた頃は店頭証券しか選択肢はなかったのですが、いまはより便利なネット証券のほうがおすすめです。

私は「楽天証券」「マネックス証券」「SBI証券」の3社で株式投資をしています。この3社からどれを選んでもいいのですが（全部に口座を開くのもOK）、あえて違いを挙げてみましょう。

3社のなかで米国株の取り扱いがいちばん多いのは、マネックス証券です。4000銘柄以上あり、ニューヨーク証券取引所とナスダックに上場している銘柄の約半分をカバーしています。ＳＢＩ証券と楽天証券の取り扱い銘柄は、３５００銘柄程度です。

取り扱い銘柄は多ければ多いほどいいように思えますが、後に詳しく述べるように私がすすめているのは、クレジットカードの「ビザ」（Ｖ）や日用品の「プロクター・アンド・ギャンブル」（ＰＧ）のようなポピュラーな銘柄です。

こうした誰でも知っている銘柄は、３社とも共通して取り扱っています。

米国個別株ばかりでなく、株式と同じように米国株ＥＴＦもネット証券で売買できます。３社が取り扱うＥＴＦは３００銘柄程度と横並びであり、ＳＴＥＰ４で私がすすめるポピュラーな米国株ＥＴＦは３社とも取り扱っています。

日本株でも米国株でも、取引には手数料がかかります。

取引手数料に関してはネット証券の3社は横並びであり、「約定代金」の0・45%、最大20米ドル（上限）となっています。

約定代金とは、売り・買いされたタイミングの金額（単価×株数）を意味しています（ネット証券で唯一取引手数料が無料なのはDMM.com証券です）。

米国株を買うには「米ドル」を用意します。日本円を米ドルに替えるときの為替手数料には、3社でちょっとした違いがあります。

マネックス証券は米ドルでの取引のみで、日本円から米ドルに変える際の為替手数料は無料ですが、売却する際には1米ドルあたり25銭の為替手数料がかかります。

SBI証券と楽天証券は日本円でも取引可能ですが、1米ドルあたり片道25銭の為替手数料がかかります（片道とは、日本円⇒米ドル・米ドル⇒日本円ごとにという意味です）。

100万円を1米ドル105円で米ドルに変えると、片道25銭で手数料は約2380円となります。

証券会社に開く口座には「特定口座」と「一般口座」があります。

このうち初心者が開くべきなのは特定口座のほうです（この他にNISA口座もあるので後述します）。

株式の値上がり益（譲渡益）は、他の所得とは切り離して税額を計算する「申告分離課税」の対象で、原則として「確定申告」が必要です。この確定申告の申告・納税手続きを軽減してくれるのが、特定口座なのです。

米国株を取り扱う主要ネット証券の比較

証券会社名	SBI証券	マネックス証券	楽天証券
取り扱い銘柄数	3,600以上	4,000以上	3,500以上
取引手数料	約定代金×0.45%	約定代金×0.45%	約定代金×0.45%
最低手数料	無料	無料	無料
最高手数料	20米ドル	20米ドル	20米ドル
為替手数料（1米ドル当たり）	片道25銭	買付時0銭 売却時25銭	片道25銭
特定口座	○	○	○
一般口座	○	○	○
NISA口座	○	○	○

特定口座では、「源泉徴収あり」と「源泉徴収なし」が選べます。

源泉徴収ありでは、譲渡益から自動的に源泉徴収されますから、申告せずに納税が完了できます。ただし、米国株投資で「外国税額控除」を受けるためには、確定申告が必要になります（81ページ参照）。

源泉徴収なしでは、証券会社が1年分の損益をとりまとめた「年間取引報告書」を作成し、翌年1月末までに交付します。この報告書を使うと申告・納税の手続きが簡略化されます。

一方の一般口座では、自分で年間の取引を把握して記録し、所得金額を計算して申告・納税の手続きをします。煩雑な作業が必要なので、初心者は通常選びません。

フィリップ・モリス（PM）	＝	81ドル（8505円）
プロクター・アンド・ギャンブル（PG）	＝	130ドル（1万3650円）
ペプシコ（PEP）	＝	139ドル（1万4595円）
アップル（AAPL）	＝	139ドル（1万4595円）
マイクロソフト（MSFT）	＝	226ドル（2万3730円）

Q いくらから米国株投資を始められますか？

A **米国株は1株から買えるので1万〜2万円で始められます。**

米国株は、日本株よりも少ない軍資金で始められます。なぜなら、**日本株は100株単位からしか買えませんが、米国株は1株から買えるからです。**

たとえば、2021年1月22日時点の主要な米国株の株価は、上のようになっています（カッコ内は1ドル105円で日本円に換算した金額）。

日本人でもよく知っており、収益性が高く、アップル以外は配当金もそこそこという銘柄が1万〜2万円で買えるのです。

□フィリップ・モリス	⇒	日本たばこ産業（東証一部・2914）	20万円
□プロクター・アンド・ギャンブル	⇒	花王（東証一部・4452）	77万円
□ペプシコ	⇒	キリンHD（東証一部・2503）	23万円
□アップル	⇒	ソニー（東証一部・6758）	105万円
□マイクロソフト	⇒	富士通（東証一部・6702）	170万円
□アマゾン・ドット・コム	⇒	楽天（東証一部・4755）	10万円

私が投資している米国株でもっとも株価が高いのは、アマゾン・ドット・コム（AMZN）。1株3292ドル（約34万5660円）です。

これらの米国株のライバルとなる日本株を100株買うといくらになるのでしょうか。1万円以下は四捨五入して概算してみます。

上記の通り、米国株（1株）のほうが日本株（100株）より高いのはアマゾン・ドット・コムだけ。他は日本株のほうが、より多くの資金を準備しなくてはなりません。

端的なのは、マイクロソフトと富士通。マイクロソフトは1株が2万円ほどなのに、富士通は100株で170万円もするのです。

米国ETFも1株から買えます。S&P500に連動するVOO（バンガード・S&P

500ETF）は352ドル（約3万7000円）。マイクロソフトなどの優良大型株を組み込んだETFで、私がもっとも投資しているVIG（バンガード・米国増配株式ETF）は141ドル（約1万5000円）となっています。

このように米国個別株も米国株ETFも、少額から始められるのが大きなメリット。資金面でのハードルは、日本株よりもずいぶん低いのです。

Q 米国株投資の軍資金はどう貯めればいいでしょうか？

A 余ったお金で投資するのではなく、先に〝セルフ天引き〟しましょう。

投資に使えるお金がどのくらいかは、個人差があります。収入がどれほどあるのか、独身なのか・家族がいるのか、どんなライフスタイルを送っているのか、といったことによって違いが出てきます。

投資で損失を負うリスクに、どれくらい耐えられるかという「リスク許容度」にも個人差があります。

そうした違いがあるのを承知のうえで提案するなら、投資のために使うお金を先に確保するのがいいと思います。いわば〝セルフ天引き〟です。

多くの人は余ったお金で投資しようと考えます。それだと思ったようにお金が余らず、いつまで経っても投資が始められないことも考えられます。

そこで発想を逆転して、先に投資に使うお金を〝セルフ天引き〟で確保。残ったお金で生活するようにします。

銀行から毎月決まったお金をネット証券の証券口座へ移す方法は、毎月給料が銀行に振り込まれるサラリーマン投資家には最適の方法です。

私は投資初心者の頃から、生活防衛資金のようなキャッシュ（現金）を手元に残さず、ほぼ全額を株式投資に振り向けるフル・インベストメントのスタイルでした。なぜなら、株式もＥＴＦも換金性が高く、その気になればいつでも現金化できるからです。

株式はその日の時価で現金に変えられます。米国ＥＴＦも、ブラックロックやバンガード・グループ、ステート・ストリート・グローバル・アドバイザーズといったアメリカの大手資産運用会社が運用している非常に大きなものばかり。時価総額が数兆円規模なので、売りたいと思ったとき、その日の相場ですぐに買い手がつき、現金化できます。

現金が必要になったら売ればいいだけですから、投資資金の他に生活防衛資金を確保しておかなくても済むのです。

注意したいのは、東証に上場しているような国内ETFです。中身はS&P500などの海外インデックスに連動する投資信託ですが、こちらは時価総額が小さく流動性（市場に出回る数量）が低いものが多いため、出来高が少なくて売りたい値段で買い手がつかないと、結果的に安く売ることを強いられるケースも考えられます。

日本円で買えるという手軽さはありがたいとはいえ、換金性には注意が求められる国内ETFもありますから、頭の片隅に留めておいてください。

Q 米国株は上級者向けで、初心者向きではないのでは？

A 米国株こそ初心者向け、日本株に比べて不利な株をつかむ危険度も低いです。

前述したように米国株は1株から買えるため、有力な銘柄でも1万〜2万円から投資が始められます。100株単位でしか買えない日本株では、その10倍以上の資金が必要になることもあります。

資金面のハードルから見ると日本株より米国株のほうが初心者向けといえるでしょう。
さらに米国株式市場は、世界中から資金が入ってきており、世界でいちばん注目されている市場です。投資に関わる法整備がしっかりしており、投資に関するいろいろな情報が共有されているので、市場が効率的になり、それぞれの銘柄が適切な価格（フェアバリュー）で取引されています。

誰も知らないような小さな銘柄なら話は別ですが、少なくとも私が投資しているようなポピュラーな銘柄なら、たとえ割高で買っても損をするリスクが低いです。

米国株に比べると、日本のメジャーな銘柄はすでに割高になっているおそれがあります。海外の機関投資家のように巨額の資金を持っているところが、そうした銘柄を買いやすいからです。

海外の機関投資家は米国株だけを買っているわけではありません。リスクヘッジで分散投資するために日本株にも一定の割合で投資しています。株式投資におけるリスクヘッジとは、株価下落というリスクを分散させるためのものです。

本来、1つの銘柄に集中投資するのではなく、セクター（業種・部門）などの属性が異なる銘柄に複数投資すれば、リスクがかなり分散できます。個人投資家のように中長期保有が前提なら、米国株のなかでリスクヘッジができます。

ところが、機関投資家の多くは、毎年確実に一定以上の利益を上げることが使命とされています。そのため米国株だけでなく、日本株など他国の株式や債券にも投資しているのです。

日本株を対象とする個人投資家は、有名ではないものの成長性の高い小型株を探し出して投資することもありますが、機関投資家はあまり積極的ではありません。一方、彼らはＡＩ（人工知能）が複数の指標をクロスチェックして、条件を満たしたところに機械的に大きな資金をドンと投資したりもします。

機関投資家の投資対象は通常、少なくとも時価総額１０００億円以上の株式となります。そうなると、海外の機関投資家が日本で投資するのは、必然的に誰でも知っているポピュラーな銘柄に限られます。

実際、日本株を代表するような優良銘柄の多くは、海外の機関投資家が保有しているのです。

海外の機関投資家を主体とする外国人が、どのくらいの割合で株を保有しているかを「外国人持ち株比率」といいます。その比率は、ソニー（東証一部・6758）57・5％、任天堂（東証一部・7974）53・9％、富士通（東証一部・6702）50・9％と半分以上を占めています。

一般には馴染みの薄い企業ですが、FA（ファクトリー・オートメーション）分野におけるセンサー製造で世界トップシェアを握るキーエンス（東証一部・6861）の外国人持ち株比率は48・5％。キーエンスの時価総額は14兆円を超えており、時価総額ランキングで日本のトップ3にランクインしています（以上、2021年1月22日時点）。

海外の機関投資家が限られたメジャーな銘柄にこぞって投資するため、これらの銘柄は相対的に割高になってしまいます。

米国株なら配当も株価上昇も両立できそうなメジャーな銘柄がフェアバリューで買えますが、日本株は必ずしもそうではないため、割高で買って損をするリスクが少なくないのです。とくに日本株の人気・成長株へ投資するときには、注意が必要です。

そうした観点からも日本株より米国株のほうが初心者向けだといえるでしょう。

私も日本株に投資して利益を上げていますが、日本株投資に際しては米国株以上に分析と勉強を重ねています。日本株は案外上級者向けなのです。

Q 英語がまったくダメですが、米国株投資はできますか？

A 英語で読み書きできなくても大丈夫です。

結論を先にいうと、英語がダメでも米国株投資は十分できます。その理由は、大きく2つあります。第1に、**日本語でも米国株の情報が十分得られることです。**

私が米国株投資を始めた十数年前とは違い、米国株投資が一般化するにつれてネット上には米国株の情報があふれるようになりました。

米国株投資のために証券口座を開けば、そこで米国株の情報が得られますし、米国株投資のポータルサイトとしては『Yahoo!ファイナンス』も重宝します。気になる銘柄を検索窓に打ち込むだけで、最低限のデータが手に入ります。

書籍で得られる情報も増えました。『米国会社四季報』では、主要な米国株の基礎的な情報がコンパクトにまとめられています。米国株投資ブロガーの著書にも、役立つ情報がいろいろと掲載されています。

第2に、**私が中長期投資をしているポピュラーな銘柄の情報は、日本経済新聞やNHKといった主要なメディアにとり上げられます。**

逆説的にいうなら、日本の主要メディアがとり上げないような小さな情報では株価は大きく動かず、中長期的な投資判断に深刻な影響が及ぶような場面はおそらくないのです。

もしも英語が多少できるなら、次ページの3つのサイトが役に立ちます。わからない英文は『DeepL翻訳』(https://www.deepl.com/translator)などの翻訳サイトを活用すれば、かなりの精度で正しく翻訳できます。

英語で情報を得なくてもいいのですが、アメリカという国の経済の基礎的条件を示す「ファンダメンタルズ」には興味を持ったほうがいいです。

ファンダメンタルズで売買の判断をすることはないとしても、米国株に投資するなら、米国経済がどうなっているかは、つねに気にかけておくべきなのです。ダイエットするのに、体重や体脂肪率を気にするのと同じ感覚です。

ファンダメンタルズには、経済成長率（物価変動の影響を除いた実質GDPから計算し、3か月ごとに米国商務省が発表）、雇用統計（米国労働省が毎月発表、非農業部門就業者数と失業率が注目され金融政策に影響を与えます）、貿易収支（アメリカからの輸出と輸入の差額を示し、米国商務省が毎月発表）、政策金利（米国連邦準備制度理事会FRBが決め、インフレの懸念があるときは利上げされ、

1 | finviz.com

サイトのトップページに、米国株の主要銘柄の騰落率を赤など視覚的にわかりやすいカラーリングで表示しています。メニューバーの「Screener」をクリックすると、スクリーニング（いろいろな条件で銘柄を絞り込むこと）ができる画面が立ち上がります。私はスクリーニングをほとんどしないのですが、時々個別銘柄を入力して株価チャートや財務指標を調べるのに使っています。

2 | dividendinvestor.com

このサイトを活用すると、米国株投資の醍醐味の1つである「連続増配株」の連続年数や配当状況がわかります。そのやり方も、トップページ右上にある「Ticker Symbol Lookup」に気になる銘柄のティッカーを入力するだけ。英語では配当金を「Dividend」、連続増配を「Consecutive Dividend Increases」、配当利回り（配当金を株価で割ったもの）を「Dividend Yield」といいます。

3 | portfoliovisualizer.com

このサイトの「Backtest Portfolio」の画面では、任意の個別株やETFのティッカーを入力すると、ポートフォリオ（金融商品の組み合わせ）の過去の検証（バックテスト）が可能です。バックテストとは、過去のデータに基づき、ある期間内にどの程度のパフォーマンス（損益）が得られたかをシミュレーションすること。投資判断が妥当かどうかの、判断材料の1つとなります。

景気が悪いときは利下げされる）などがあります。

この他、「ニューヨーク・ダウ」「S&P500」「ナスダック総合株価指数」などの主要な指数の値動きのチェックも習慣化するといいです。米国経済の動きと株式市場がどのようにリンクしているかが、なんとなくわかってきます。

これらのファンダメンタルズや指数は、日本語のメディアで容易に確認できます。

Q 金融や経済に詳しくないのですが、米国株投資はできますか?

A 少額から投資を始めれば、自然と必要な知識と情報は得られます。

米国株を買うときに「ちょっとコワいなあ」と感じたとしたら、その投資金額に見合うだけの知識が欠けている証拠だと思ったほうがいいです。その時点で何も知識がないとしたら、これから徐々に身につけていきましょう。

ただし、知識がなければ株式投資をスタートできないと決めつけなくていいです。少額からでも米国株投資を始めて、投資しながら知識を身につければいいのです。

自分の身銭で投資すれば、それだけ真剣に知識を身につけようとしますから、効率もいいです。少額からでも株式投資を始めてみると、これまで関心がなかった金融・経済・株式の情報に対する感度が自然に高まります。

ネットや書籍などのメディアには、日々膨大な情報がアップされて蓄積され続けています。私たちは無意識に、そこから気になるものだけをとり入れています。関心のない情報は周りにいくらあってもスルーして、目にも耳にも入らないものです。

緩んだカラダを絞りたいと思ってトレーニングを始めたら、トレーニング法やダイエット法などに関する情報が気になり、ネットで検索したり、書籍をとり寄せたりして知識を得ようとするでしょう。

それと同じように、株式投資を始めてみると、金融・経済・株式への関心が高まってアンテナの感度もアップしますから、より多くの情報を効率的にとり込めるようになります。それが学びにつながり、自然と知識も増えていくのです。

より積極的に勉強したいと思ったら、日本経済新聞を購読するのもおすすめです。「もはや新聞はオワコン（終わったコンテンツ。時代遅れといった意味）だ」という人もいますが、日本で金融・経済・株式の正確な情報を得るなら、日経新聞に一日の長があります。

ネットの無料情報は、真っ当なものもあれば、怪しいものも混じっている〝カオス状態〟です。私は日経新聞の回し者ではありませんし、日経新聞の情報を絶対視しているわけでもないのですが、**米国株投資の比較的確実な情報源をどれか1つに絞るとしたら、日経新聞が無難です。私も毎日、紙とネットで日経新聞に目を通しています。**

やはり日本語で読めるのが、何事にも代えがたいメリットです。米国株の情報を、アメリカの新聞やサイトから英語でいくらでも得られる人はそれでいいでしょう。そうしたことができなくても、私は日経新聞の情報で十分事足りています。

私の保有株はポピュラーな銘柄なので、日経新聞すらとり上げないような米国株の細かい情報がなくても不都合がないのです。私は紙媒体・電子版両方を購読していますが、電子版だけでもよいでしょう。

Q 米国株はETFのみで、個別株に手を出さなくてもいいですか？

A 個別株とETFを上手に組み合わせてみてください。

米国株を対象とする多くの米国株ETFが、ネット証券などで買えます。

米国株ETFには豊富な種類があり、米国経済の強さと米国株の成長性を反映して上昇率の高いもの、また配当利回りが年利5％を超えるものもあります。

総じて日本株を対象とするETFよりも、米国株ETFのほうが利回りがよいのです。

そうなると、自分で米国株の投資先をいちいち選ぶのではなく、米国株に広く分散投資するETFを買ったほうが話は早いと考える人もいるでしょう。

それはそれで1つの投資スタイルです。実際、年代・目的別に米国株投資をシミュレーションするSTEP4でも、米国株ETFをメインとした選択肢もあります。

それでも私は、ETFだけではなく、個別株投資もぜひ行ってほしいと考えています。

その理由は2つあります。

第1の理由は、**選び方によっては、個別株投資のほうが米国株ETFよりも高い運用利回りを期待できるからです。**

STEP4の最後で語るように、私が選んだ個別株の「最強の10銘柄」の過去約10年の実績（トラックレコード）は年率20％を超えています。ETFを超える利益を上げる個別株投資を試みるのが、米国株の醍醐味の1つなのです。

第2の理由は、**ETFよりも個別株に投資したほうが、米国株投資が〝わが事〟となり、より自分に関係深いものだと思えるようになるからです。**

ETFは数百・数千という個別株にバランスよく投資しています。そこにはアップル（AAPL）やプロクター・アンド・ギャンブル（PG）といった銘柄も含まれていますが、ETFの保有銘柄のワン・オブ・ゼムにすぎないので、アップルやプロクター・アンド・ギャンブルに自分が投資しているという実感が得られにくいです。

ETFという看板ばかりが気にかかり、その中身を構成している個別株に興味が湧かなくなってしまうと、米国株に対する学びが得られるチャンスが減ります。

それが個別株に投資していると、投資している銘柄がメディアに登場するたびに情報を得て知識と経験値が積み重なり、投資家としての実力も向上していくのです。

「個別株＋ETF」でポートフォリオ（金融商品の組み合わせ）**を組むのがベストだと私は考えています。ETFだけではなく個別株にも投資していれば、米国株へのリテラシーが高まり、ETFの選び方がより効率化できるからです。**

私自身は現在、米国株：日本株に「7：3」の割合で投資しています。米国株のうち、

ＥＴＦは10％ほどであり、残りはすべて個別株となっています。

目安として、資金の半分を個別株、残り半分をＥＴＦというわかりやすいバランスで米国株投資をしてみるのも一手です。ＥＴＦなら選び方次第では資産を大きく減らすリスクが避けられるので、株式投資から退場せずに米国株投資が続けられます。

投資を継続しているうちに実践的な学びが深まり、個別株でもＥＴＦでも利益が出せるようになるでしょう。その段階であらためて個別株投資とＥＴＦの投資バランスを見直してみるのもよいと思います。

Q　これからは米国株より中国株じゃないですか？

A　中国はＧＤＰではアメリカに迫っていますが、株式はまだ米国に勝てません。

ＧＤＰ（国内総生産）で日本を抜いて、世界第2位の経済大国になった中国。２０１９年の名目ＧＤＰ（生産数量に単純に市場価格をかけたもの）は、1位のアメリカが21・43兆米ドル、2位の中国は14・73兆米ドルです。

中国は経済力でも軍事力でも世界第1位のアメリカを猛追しており、米中は貿易や領土問題など、さまざまな点でしのぎを削っています。中国のGDPはいずれアメリカを抜いて世界一になるという予測もあります。

将来的に中国がアメリカのGDPを抜き去るとしても、少なくともこの先20年くらいの中期的なスパンにおいては、中国株が米国株にとって変わり、世界の株式投資の主役に躍り出ると私は思いません。

ここで、米中の株式投資を巡る現状を整理しておきましょう。

前述のように、アメリカは世界の株式の時価総額約98兆7000億米ドルの41・3%を占めて断トツのトップ。2位が中国で10・5%、3位が日本で6・9%となっています。名目GDPで、中国はアメリカの70%程度まで成長していますが、株式の時価総額では4分の1ほどに留まっているのです。

次に、MSCI（モルガンスタンレー・キャピタル・インターナショナル）社が提供する世界の株式を対象とした指数である「MSCIオール・カントリー・ワールド・インデックス」(MSCI ACWI）の国別構成比に注目してみましょう。

このインデックスは世界中の株式に投資しており、世界の株式の時価総額で約85%をカバーしていることから、世界株式のベンチマークとして盛んに用いられています。そのMSCI ACWIを国別にみると、アメリカが57・28％と6割ほどを占めています。2位は日本で6・77％、3位が中国で5・2％となっています（2020年12月30日時点）。

世界の株式市場における評価からすると、中国株は米国株の敵ではなく、日本株にすら勝てないのが現状なのです。

中国には「カントリーリスク」もあります。すでに触れたように、カントリーリスクとは、特定の国の政治・経済・社会環境などの変化により、投資した資産に損失が出ることをいいます。

アルゼンチン、ロシア、ギリシャなどのように、デフォルト（債務不履行）を宣言して国家経済が破綻すると、投資家は大きな損失を負ってしまいます。

どんな国にも、カントリーリスクはあります。しかし、中国のカントリーリスクは「チャイナリスク」と呼ばれており、アメリカを大きく上回ります。

チャイナリスクには、株式市場の不透明性と信頼性の低さ、法支配の不明瞭さ、知的財産保護が不十分なこと、ナショナリズムによる周辺国との軋轢（あつれき）などがあります。

中国は世界第2位の経済大国であり、ＡＩや５Ｇ（高速通信規格）、量子コンピュータ、宇宙開発などの分野で世界をリードしています。その未来にかけて投資する人もいますが、私には米国株を差し置いて中国株に投資する理由は、いまのところありません。

念のために付記すると、楽天証券、マネックス証券、ＳＢＩ証券でも中国株を買うことはできます。

Q 日本とアメリカの時差は米国株投資の障害になりませんか？

A 中長期投資では時差の存在は大きな障害にはなりません。

東京とニューヨーク（アメリカ東部標準時）には14時間の時差があり、東京のほうが14時間進んでいます。

アメリカでは、毎年3月第2日曜日から11月第1日曜日までサマータイム（デイライト・セービング・タイム）となり、時差は13時間に縮まります。サマータイムを夏時間、それ以外を冬時間と呼び、サマータイムが1年のうちの8か月を占めています。

ニューヨーク証券取引所で取引が行われる「立会時間」は、現地時間の9時半から16時まで。東京証券取引所と違って昼休みはなく、通し営業をしています。始まるのは夏時間だと日本の22時30分、冬時間だと23時30分、終わるのは夏時間だと日本の翌朝5時、冬時間だと翌朝6時です。

デイトレードのような短期投資なら、多くの日本人が寝ている間に取引されているニューヨーク市場の値動きに敏感になることが求められるかもしれません。その間に大きな値動きが起こり、翌朝パソコンを開くと保有銘柄が暴落してビックリさせられることもあり得るでしょう。

これは俗に「おはぎゃー」といわれます。朝起きて「おはよう」と同時に「ぎゃー」と驚かされるからです。

私が実践している米国株投資は短期投資ではなく中長期投資ですから、寝ている間の細かな値動きには気を配らなくてもいいです。

余談になりますが、日本株に近い感覚で値動きを見ながらリアルタイムで米国株を取引したいなら、ネット証券の「時間外取引」を利用する手もあります。時間外取引を利用すると、日本時間の朝と夜で取引できる時間が合計5時間半も長くなります。

立会時間前の8時～9時30分（日本時間：夏時間で21時～22時30分、冬時間で22時～23時30分）には、プレ・マーケット（プレセッション）という時間外取引が行われています。そして立会時間終了後の16時～20時にも（日本時間：夏時間で翌5時～9時、冬時間で翌6時～10時）、アフター・マーケット（ポストセッション）という時間外取引が行われています。

これはニューヨーク証券取引所の場合であり、ナスダックではプレが現地時間の4時～9時30分（日本時間：夏時間で17時～22時30分、冬時間で18時～23時30分）、アフターはニューヨーク証券取引所と同じです。ちなみに、ナスダックはニューヨーク証券取引所のような立会場（取引を行う場所）はなく、電子取引オンリーです。

日本のネット証券では、マネックス証券が時間外取引を含めて24時間取引が可能です。そのマネックス証券のホームページには、2018年7月23日の取引時間終了後、グーグルの親会社アルファベット（GOOGL）が4～6月期の決算発表を行った際の事例が紹介されています。その決算が市場の予想を上回る好決算だった結果、アルファベットの株価が急騰したのです。時間外取引ができていたら、このチャンスを捉えて利益が上げられたことも考えられます。また、2020年11月16日の取引時間終了後、テスラがS&P500に新規採用された際、テスラ株が急騰した事例も紹介されています。

Q 円高・円安による為替リスクが心配ですが大丈夫でしょうか？

A その心配より、円以外にドルで資産を持つことのほうが大切です。

株価と同じように為替はつねに変動していますから、米国株投資のコストは「1米ドルが何円なのか」という為替相場で変わります。

仮に1株139ドルのアップル（AAPL）を買おうとすると、1米ドルが105円なら1万4595円です（手数料などの諸経費を除く＝以下同）。それよりもうんと円高になって1米ドルが85円になれば、1株1万1815円で買えます。逆に円安になって1米ドルが120円になれば、1株1万6680円となります。

このように米国株を買うなら円高のほうが得しますが、売るなら円安になったほうが得をすることになります。

為替相場を踏まえると、円高になったタイミングで米国株を買い、円安になったタイミングで売るのがベストですが、為替相場がどう動くかは株価以上に未知数です。

世界経済は長期的には右肩上がりで成長すると予測されているため、株式投資は「プラスサムゲーム」であり、市場参加者の損益を合計するとプラスになります。ところが、為替相場は一国のレートが下がると、もう一方の国のレートは必ず上がるため、参加者の損益は必ず±0となる「ゼロサムゲーム」（ただし株式市場も短期的にはゼロサムゲームとなる局面もあります）。それだけに予測が難しいのです。

「もっと円高になってから米国株を買おう」とか「もっと円安になったら米国株を売ろう」などと思っていたら、効率的かつ機動的な米国株投資ができなくなります。気になる銘柄があったら、為替相場よりも株価の動きに注目して投資したほうが得策です。

見方を変えると、米国株投資は円ではなく米ドルで金融資産を持つということです。

為替はゼロサムゲームなので、米ドルが上がってドル高になると、円は下がって円安になり、円が上がって円高になると、米ドルは下がってドル安になります。

どちらに転んでもいいように、金融資産は円建てでも米ドル建てでも保有しておくべき。米ドル建てのもっとも有力な金融資産が、米国株なのです。

日本円の貯金や日本株投資のみだと、金融資産は100％円建てです。現在の日本はずっとデフレが続いていますが、この先日本がインフレになると円建ての金融資産の資産価値は軒並み下落してしまいます。

短期的にはドル安になり、米ドル建ての資産である米国株の資産価値が下がる局面もあるでしょうが、世界の基軸通貨である米ドル建ての資産を持つことは、中長期的な為替リスクをヘッジする有力な手段の1つ。日本人が資産運用を考えるうえで、円建ての金融資産のみで、米国株のようなドル建て資産を持たないことは、むしろ大きなリスクです。

Q 資金が少ないのですが、米国株投資は信用取引もできますか？

A 信用取引で米国株は取引できないと考えてください。

株式投資では、信用取引を利用すると、現金や株式を担保にその評価額の約3・3倍まで投資できます。

信用取引とは、証券会社にいわば借金して投資するものですが、投資に成功すれば利益が約3・3倍に拡大するものの、失敗すれば損失が約3・3倍に膨らんでしまうリスキーな取引ともいえます。

日本株では信用取引を使えますが、日本で米国株を扱っているネット証券や店頭証券では信用取引で米国株を買うことはできません。

日本株には、極端な暴騰や暴落を防ぐために「ストップ高」「ストップ安」という値幅制限があります。値幅制限の上限まで株価が上昇するとストップ高となり、それ以上株価は上がらなくなります。逆に値幅制限の下限まで株価が下落するとストップ安となり、それ以上株価は下がらなくなります。

ところが、米国株式市場には値幅制限がないため、暴落時にブレーキがかからなくなり、信用取引をしていると損失があっという間に膨らむおそれがあります。

米国市場には値幅制限の変わりに、前述した「サーキットブレーカー」というシステムがありますが、これは一時的に取引を停止するだけであり、値動きを止めるものではありません。

どうしても信用取引がしたいなら、アメリカの証券会社に口座を開く必要があります。日本に住んでいても、アメリカの証券会社に口座を開くことは可能ですが、そこで信用取引をすると、税制面などで面倒な手続きが必要になります。

日本の個人投資家で、アメリカの証券会社に口座を持っている人もいますが、その大半は信用取引をするためではなく、日本の証券会社では買えない米国株や米国ＥＴＦに投資するためのようです。

私はセミリタイアするまで、日本株でも信用取引をした経験はありません。金融機関に勤務している「証券外務員」は、信用取引やFX（外国為替証拠金取引）は投機的すぎるという理由で禁止されているのです。

セミリタイア後はそうした縛りがなくなりましたから、日本株に限り、部分的に使う場面も出てきました。米国株は1株から買えますから、信用取引を行う必然性を感じていません。

Q 米国株で儲けた利益には税金がかかりますか？

A かかりますが、その一部は確定申告でとり戻せます。

株式で得られる利益には、安く買った株を高く売って得られる値上がり益（譲渡益）と、持株数に応じた配当金、さらにETFなど投資信託の分配金があります。

日本株でも米国株でも、譲渡益と配当・分配金には税金がかかります。

米国株は二重課税防ぐための「租税条約」によって現地では譲渡益に課税されず、日本国内で課税されます。

日本株でも米国株でも、譲渡益の税率は年間通算損益の20・315％（所得税15％＋住民税5％＋復興特別所得税0・315％）です。

譲渡益はシンプルですが、配当金への課税は話が少々込み入っています。

米国株の配当金は、アメリカ国内の税金が10％引かれた金額が振り込まれます。それに対して、さらに国内で譲渡益と同じ20・315％の税金がかかるのです。

これは二重課税ですから、確定申告でとり戻せます。「外国税額控除」という仕組みがあり、アメリカでの現地課税分を日本の所得税や住民税から控除することで、還付が受けられるのです。

確定申告では、「総合課税」「申告分離課税」を選択できます。加えて譲渡益の課税分と配当金への課税分を合算して、損益通算することもできます。

日本では投資に対する税制優遇を受けられる制度として、「NISA（少額投資非課税制度）」と「iDeCo（個人型特定拠出年金）」があります。

NISAは2014年に始まり、株式などの投資から得られる譲渡益と配当・分配金にかかる税金が免除されます。

ＮＩＳＡには、「一般ＮＩＳＡ」と「つみたてＮＩＳＡ」があり、いずれのＮＩＳＡ口座も１人１口座に限り開設できます。１年ごとにどちらかを選択しなくてはなりません。

一般ＮＩＳＡは新規投資額で毎年１２０万円が上限。免税期間は最長５年、非課税投資枠は最大６００万円です。日本株はもちろん、米国株、米国ＥＴＦも投資対象です。ただし、他の特定口座などと利益の損益通算、損失の繰越控除はできません。

つみたてＮＩＳＡは２０１８年からスタートした少額からの長期・積立・分散投資を支援するための非課税制度です。対象は金融庁の基準を満たした投資信託に限定されていますが、米国株ＥＴＦも対象になっています。

つみたてＮＩＳＡは、新規投資額で毎年40万円が上限。非課税期間は最長20年間であり、非課税投資枠は最大で８００万円です。

一般ＮＩＳＡの投資可能期間は２０２３年で終わり、２０２４年からＮＩＳＡの制度改革が行われる予定です。

一般ＮＩＳＡは非課税となる投資金額が2階建てで、合計年１２２万円まで、免税期間が最長５年、非課税投資枠は最大６１０万円とやや拡大される他、つみたてＮＩＳＡの非課税期間が5年延長されて2042年までとなる予定になっています。

iDeCoのほうは、自ら拠出した掛け金を自分で運用しながら、資産を形成する年金制度です。20歳以上60歳未満なら加入できて、60歳以降に老齢給付金が受けとれます。米国株ETFへの投資も対象です。

iDeCoの税制優遇メリットは大きく3つあります。

1つ目は、掛け金の全額が課税所得税から減免されるため、所得税と住民税が軽減されること。2つ目は、制度内の運用益が非課税になり、20・315%の税金が免除されること。3つ目は、受給年齢に達して確定拠出年金を一時金で受けとる場合でも、年金として給付される場合でも、所得控除が受けられることです。

Q アメリカ人の多くは株式投資をしているというのは本当ですか?

A 本当です。日本人ももっと株式投資で「財産所得」を増やすべきです。

アメリカ人の多くが株式投資をしているということは、多くの資料が裏づけています。

その1つに、日本銀行調査統計局が2020年8月に出した『資金循環の日米欧比較』という文書があります。

この文書によると、日本、アメリカ、ヨーロッパ（ユーロ圏エリア）の一般家計の金融資産構成比率（％）は次のようになっています。

日本　　：現金・貯金54・2％　株式等9・6％　投資信託3・4％
アメリカ：現金・貯金13・7％　株式等32・5％　投資信託12・3％
ユーロ圏：現金・貯金34・9％　株式等17・2％　投資信託8・7％

この比較によると、日本の家計の金融資産（総額1845兆円）の半分以上は現金・貯金であり、株式等は10％に満たないことがわかります。

一方のアメリカの家計の金融資産（87兆米ドル）は3分の1ほどが株式等であり、現金・貯金は日本の約4分の1の14％以下に留まっています。

日本の金融資産総額1845兆円のうち、株式等に投資しているのは9・6％である177兆円ほどです。

アメリカの家計の金融資産総額87兆米ドルを1米ドル105円で計算すると、9135兆円となります。株式等に投資しているのはその32・5%ですから、2969兆円となります。

アメリカの家計の金融資産の規模は日本の約5倍ですが、株式などに投資している金額は17倍近くに達しているのです。

もう1つデータを挙げましょう。平成29年2月3日付けの金融庁の資料によると、1995年から2015年までの20年間でアメリカの家計金融資産は3・11倍に増えており、それには株式等の運用リターンによる金融資産が2・32倍になったことが寄与しています。

同時期の日本の家計金融資産の増加率はアメリカの半分以下の1・47倍であり、株式等の運用リターンによる金融資産の推移は1・15倍に留まっています。

さらに、この資料によると、働いて得られる勤労所得と、株式の配当や不動産の賃料などによる財産所得の比率は、アメリカが3：1なのに対して、日本は8：1となっています。

アメリカ人が株式投資に積極的なのは、国家的な戦略として幼少期から個人の資産形成

に役立つ教育が行われているためです。

日本の幼稚園から高校までにあたる「K－12」で、個人金融教育（パーソナル・ファイナンス・エデュケーション）と経済教育（エコノミック・エデュケーション）の教育プログラムが展開されています。全米共通の教育システムは存在しないため、州や学校によって詳細は異なるようです。

アメリカが国家戦略として国民に投資を推奨しているのは、投資マネーが株式市場に入ると株価が上がり、それが財産所得の増加につながり、さらなる投資を呼び込むという好循環が生まれることを期待してのことです。

これにより経済の活性化につなげようとしているのです。

ただし、マクロのデータで比較すると日米の株式投資、財産所得、家計所得には大きな差がついていますが、そこには少しバイアスがかかっていることも考えられます。

アメリカには桁外れの大金持ちが大勢おり、彼らが株式投資をしているおかげで、マクロのデータに大差がついている側面もあるのです。日米の一般庶民を比べると、ひょっとしたら金融資産に占める株式等の割合にはマクロデータほどの差はないかもしれません。

日本でも近年では海外の制度を参考に前述したＮＩＳＡやｉＤｅＣｏなどの仕組みが拡充されてきたので、今後は若い世代を中心に株式投資に興味を持ってチャレンジする人が増えてくるでしょう。

投資マネーがもっと株式市場に流れ込むようになり、アメリカと同じような好循環が生まれたら、それは日本経済にとってもプラスに作用すると期待しています。

STEP 3

エル流
米国株選び
6つのポイント

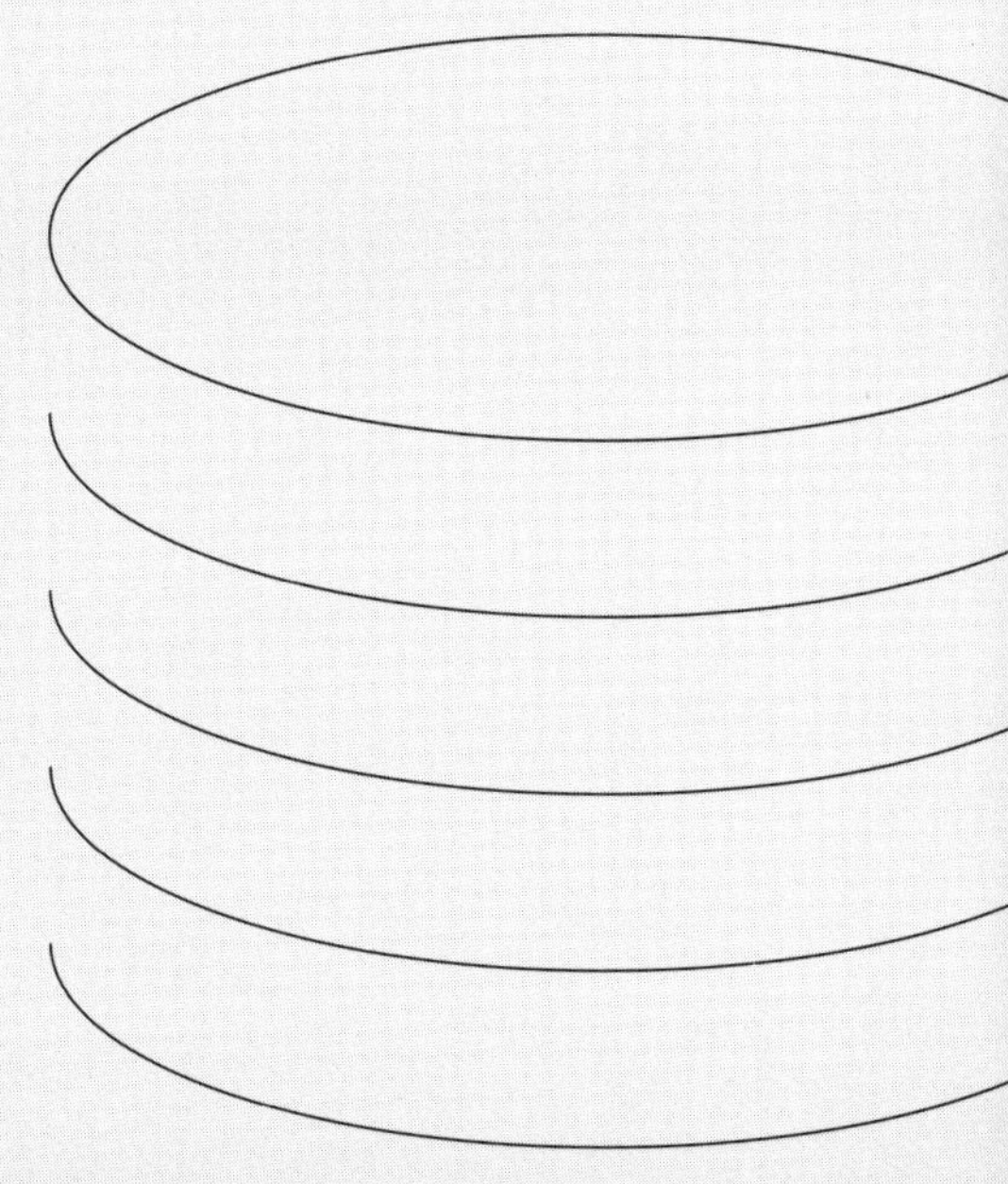

6つのポイントを守れば米国株投資は怖くない

投資先として米国株がいいのはよくわかったけれど、具体的にどんな銘柄を選んだらいいのだろうか？

私のブログにも、「どうやって選んだらいいか、わかりやすく教えてください」というリクエストが届きます。

そこでアメリカの個別株に投資する際のポイントを「エル流米国株選び6つのポイント」としてまとめてみました。

【エル流米国株選び6つのポイント】

1／**自分がよく知っている製品・サービスを扱っている**
2／**ポピュラーな企業で情報が入手しやすい**
3／**高い収益性・競争力がある**
4／**成長性が高い**

5／10年以上にわたり、増配した実績がある
6／売上高営業キャッシュフロー比率が20％以上ある

これらに必要な情報は「Yahoo!ファイナンス」などで、日本語による検索を行うだけで概要がわかります。

STEP1の米国株最強の9つの理由と重なる部分もありますが、1つひとつチェックしていきましょう。

1／自分がよく知っている製品・サービスを扱っている

素性のわからない人に大金を預ける人はいないでしょう。

株式投資をするということは、自分の大事なお金を預けるようなもの。それも1000円、2000円といった少額ではありません。

投資するなら自分がよく利用する製品・サービスを扱っているような企業がいいです。

これは米国株投資に限らず、日本株投資にも共通するポイントです。

投資の神様バフェット氏も、「投資先は自分が理解できるビジネスモデルに限るべきだ」とおっしゃっています。

私が2005年に最初に投資した米国株は、アマゾン・ドット・コム（AMZN）でした。それはアマゾンを利用していたからです。現在投資しているビザ（V）やナイキ（NKE）も同じく、自分がよく知っていて利用している製品・サービスを扱っています。ビザのクレジットカードは毎日のように使っていますし、ナイキのスニーカーやスポーツウェアは家族ともども愛用しています。

よく知っている製品・サービスを扱っているところに投資すべき理由は、売り買いのタイミングがわかりやすいからです。

中長期保有が基本ではありますが、長く保有していると、リーマンショックやコロナショックのように、株式市場が激しく動揺するタイミングが必ずやってきます。

市場全体が下がり保有銘柄の株価も下落したら、そのまま持ち続けても大丈夫なのかと不安な気持ちになります。でも、その不安に負けて売ってしまった直後、市場が反転してV字回復することも珍しくありません。

その点、よく知っている銘柄なら、市場が動揺しても不安に駆られて〝狼狽売り(ろうばい)〟する失敗は避けやすくなります。

自分で使っている製品・サービスなら、以前と比べてクオリティが高まっているか、それとも低くなっているかは肌感覚で理解できます。

1か月や2か月といった短期間では判然としなくても、中長期保有しながら3年、5年といった長期間で見てみると、製品・サービスがよくなっているか、悪くなっているかはわかるものです。

株式投資では、その企業がどういうシナリオで成長し、それにつれて株価がどう上がるかというストーリーを描いてから投資すべきだといわれます。そのストーリーが崩れたら、株は売るべきだというのです。

私の場合、米国株(個別株)でもっとも大きな投資先であるアマゾン・ドット・コムに関しては、頭に思い描いているストーリーがあります。

現在のアマゾンは、未知のビジネスをとり込んで成長している真っ最中であり、ゆくゆくは宇宙にまで進出して時価総額世界一の企業になると信じているのです。

GAFAMのなかで、アメリカの反トラスト法（独占禁止法）に抵触して事業継続に暗雲が立ち込めるおそれがいちばん低いのも、アマゾンだと思っています。

しかし、それ以外の保有銘柄すべてに1つひとつ詳しいストーリーを組み立てているわけではありません。現実的な話をすると、現在は40銘柄以上に分散投資していますから、それぞれに詳細なストーリーを描いている余裕がないのです。

初心者が、企業の成長や株価上昇のストーリーを組み立てるのはもっと大変です。投資先を知ることは大事ですが、製品やサービスを利用してみて「ある程度理解度が高まった」と思ったら、少額からでいいので投資アクションを起こしたほうがいいでしょう。

2／ポピュラーな企業で情報が入手しやすい

株式投資には、隠れた優良銘柄をいち早く見つけて投資し、スポットライトが当たって株価が何倍にも上がるのを待って売り、値上がり益を得るという方法もあります。

私が株式投資で最初に大きな利益を得たのは、「はじめに」でも触れたファーストリテイリング（東証一部・9983）です。フリースの大ヒットでユニクロがブレイクする寸前で、広島証券取引所から東証二部へ市場替えしたばかり。その頃は知る人ぞ知る存在でした。同じように、札幌証券取引所に上場していた頃のニトリホールディングス（東証一部・9843）を見つけて投資していた人は、きっと大きな利益が得られたでしょう。

日本以上にアメリカには、それこそ〝アメリカン・ドリーム〟を体現するスタートアップ企業がたくさんあります。

GAFAMだって、もとを正せば若者たちが起業した小さな会社でした。有名な話ですが、アップルもグーグルも、創業者の自宅のガレージが出発点だったといわれています。マーク・ザッカーバーグ氏はハーバード大学を休学して（のちに退学）フェイスブックを設立しましたし、ビル・ゲイツ氏はやはりハーバード大学在学中にマイクロソフトを起業しました。

米国株で未来のアップルやグーグルを探して投資する方法もありますが、スタートアップ企業のすべてが成長を続けるわけではありません。数千という上場企業から、宝の山を探し出すのは大変です。

そんな苦労をしなくても、米国株なら誰でも知っているポピュラーな銘柄への投資で十分な利益が得られます。

米国株のポピュラーな銘柄に投資する大きなメリットとして、情報が得られやすい点が挙げられます。

日本企業が決算を発表し、大きな増収増益だったり、逆に減収減益に陥ったりすると、全国ニュースとしてとり上げられます。トヨタ自動車（東証一部・7203）やソフトバンクグループ（東証一部・9984）といったビッグネームの決算に、想定外の出来事が起こったら、全国紙の朝刊一面を飾ったり、NHKの朝7時のニュースなどで大きくとり上げられたりするでしょう。

そのあたりの事情は、米国企業でもまったく同じなのです。

GAFAMやプロクター・アンド・ギャンブル（PG）、ザ コカ・コーラ カンパニー（KO）といった日本人でも知っているような超有名企業の決算などに大きな異変が起こったら、日本でもニュースとしてとり上げられます。

業績だけでなく、新製品の評判や売れ行きといった株価に影響を与える情報も、日本でニュースになります。

米国株に関してはアメリカ人のほうが一次情報を得やすいという側面はありますが、日本人にも馴染み深いポピュラーな企業に投資していれば、情報不足で投資が失敗するリスクはほとんどないと、私はこれまでの経験から実感しています。

アメリカ人とまったく同じ情報を得られるとはいえませんが、メジャーな銘柄であれば、少なくとも中長期投資のために十分な情報は得られています。

いまは株式投資にもＡＩが本格的に導入されています。ＡＩは過去の学習に基づいて、無数のデータから瞬時に結論を導いて投資行動を起こします。

そのおかげでＡＩが本格導入されてから、株価は短期的には説明のつかない奇妙な動きをすることも多くなっています。

日本人がアメリカのポピュラーな銘柄に中長期投資して、短期的な株価の変化をスルーするのは、そうした変な値動きに一喜一憂して踊らされないという意味で、ハンデではなくメリットなのかもしれません。

なお、ＡＩ時代においては、決算書の情報に基づいて短期的に他人よりも利益を上げることは難しいと私は考えています。つまり、決算書の分析による投資の差別化は難しいということです。

3／高い収益性・競争力がある

企業の目標は、突き詰めると収益を上げることですから、「収益性」の高さは企業の本質的な価値を表します。

収益性の指標にはいろいろありますが、私は基本的に企業の収入に占める利益の割合である**「売上高営業利益率」**で収益性を判断しています。さらに重視しているのが、営業活動で生じる現金収支である**「営業キャッシュフロー」**です。これは**「現金を稼ぐ力」**を示すともいえます。

収益性と並んで大事になるのが、高い「競争力」です。

収益性が高く、儲かるビジネスには、多くのライバルが存在します。成功を夢見て新たに参入する企業もあるでしょう。しかし、いくら収益性が高くても、競争力が足りなかったら、ライバルたちに打ち勝つことはできません。

競争力の重要性を、かのバフェット氏は**「経済的な堀が深い企業がいい」**という表現で端的に表わしています。

この深い堀のことを英語で「ワイド・モート」（WIDE MOAT）といいます。深い堀が幾重にも巡らされた城は、難攻不落です。同じように経済的な堀が深い企業は、ライバルの挑戦をはね除けて成長を続け、高い収益性をキープできるのです。

競争力を生み出す経済的な堀には、いくつかの要因があります。

いちばんに挙げられるのは、「ブランド力」です。

スマートフォンは多くの企業から発売されていますが、アップルの「iPhone」とサムソンの「Galaxy」にはブランド力があり、世界でのシェア（市場占有率）を高めています。炭酸飲料もたくさんありますが、いまだにコカ・コーラが売れ続けているのは、ブランド力が圧倒的に強いからでしょう。

私は製薬会社にはそれほど好んで投資しませんが、製薬会社の特許も経済的な堀として機能します。仮に、新型コロナウイルスの治療薬を開発して特許がとれたら、一気に競争力が高まりブランド力がアップするでしょう。

次に挙げられるのは、「ネットワーク効果」です。ネットワーク効果は、互換性のある製品やサービスを利用するユーザーが多くなればなるほど、ユーザーが得られる効用も高まり、競争力が高まるという現象です。

たとえば、クレジットカードのビザは、ビザが使える加盟店のネットワークを世界的に広げています。クレジットカードの国際ブランドで最大のネットワークを誇り、全世界におよそ５０００万店の加盟店があります。そうなると、ユーザーとしてクレジットカードを１つ持つとしたら、ビザが第1選択肢になります。

ＧＡＦＡＭのビジネスモデルも、ネットワーク効果が高いことが特徴です。

グーグルは、主要国の検索エンジンではパソコンでもスマホでも80～90％という驚異的なシェアを誇っています。ほぼ唯一の例外といえるのが中国。中国では「Baidu」（百度）という検索エンジンが大きなシェアを占めています。その中国を除けば、検索に結びついたデジタル広告を出すなら、グーグル一択になるでしょう。

アマゾンは、ネット通販などのＥＣ（電子商取引）市場で圧倒的な強さを誇っています。通販に出品する人も、通販で買う人も、アマゾンを使うのが第1選択肢になるはずです。

ビザのクレジットカード業界にしても、グーグルの検索エンジン業界にしても、アマゾンのＥＣ業界にしても、いくら収益性が高くても、いまから新規参入して大きく成長する企業はおそらくないでしょう。それは、彼らが長年かけて培ってきた経済的な堀の深さによる、高い競争力のおかげなのです。

4／成長性が高い

収益性が高くて競争力があることは重要ですが、収益が横這いで安定しているよりも、収益が右肩上がりで成長している銘柄を選ぶのが正解です。

定期的な高配当のみを期待する投資スタイルもありますが、エル流の米国株投資では配当金と、中長期的な株価の上昇による値上がり益の両面でポートフォリオの最適化を図ります。

5年、10年と辛抱強く株を持ち続けても、収益が右肩上がりになってくれない限り、株価の上昇も望めないでしょう。長い目で見て株価の上昇が望めないとしたら、株式投資の対象からは外れてしまいます。

成長性があるかどうかを端的に反映しているのは、やはり売上高です。売上高が年々上がっていれば、力強く成長していると考えられます。

前述のように、米国株ではGAFAMのような天文学的な時価総額を誇る大型株ですら、売上高が右肩上がりのカーブを描いて成長を続けています。それは日本株の大型株にはなかなか見受けられないことです。

多くの人が知っているポピュラーな銘柄に成長性が高い銘柄が多いのも、米国株の大きな魅力なのです。

5／10年以上にわたり、増配した実績がある

株式投資をするうえで、投資先の決算書をチェックすることはやはり大切です。決算書は、企業の経営状況や財務内容などを示した、いわば〝通信簿〟のようなもの。損益計算書（PL）、貸借対照表（BS）、キャッシュフロー計算書（CF）があります。

決算書は大事なのですが、そこに書かれていることを額面通りに100％信じていいわけではありません。粉飾はれっきとした犯罪行為ですが、粉飾とまではいかなくても、なんらかの操作が加えられている可能性はあるからです。

財務内容などが少しでもよく見えるように〝お化粧〟をする企業もあるのです。

投資家が知りたいのは、お化粧をしていない企業の〝スッピン〟状態です。それを如実に示しているのが「配当実績」です。株主たちに対して、一体いくらの配当金を払ったか（キャッシュアウトしたか）は歴然たる事実なのです。

キャッシュを払ったという事実は、ごまかしようがありません。決算書をどんなに巧みに操作できたとしても、手元にキャッシュがないと、キャッシュアウトできないからです。配当金が毎年出ており、しかもそれが前年よりも増えている企業は安定性と信頼性が高く、中長期投資の対象になりやすいといえます。

増配を何年続けているかは、ネット検索などで容易に知ることができます。STEP1で触れたように、連続増配株が多いのは、日本株にはない米国株の大きな魅力です。

増配したという配当実績は、あくまで過去のものです。状況次第では、この先どうなるかは誰にもわかりません。

しかし、1年や2年ではなく、少なくとも10年以上にわたって増配を続けてきたという実績は評価するべきなのです。10年以上増配していれば、今年も来年も増配する可能性がかなり高いでしょう。

10年という長いスパンで見ると、株式市場はいろいろな試練に見舞われます。1回や2回は大きな暴落を経験するものです。

2000年から2010年までの10年間には、2000年に米ITバブル崩壊があり、

２００８年にリーマンショックがありました。２０１０年から２０２０年までの10年間には、20年のコロナショックがありました。

このように10年に1度の厳しい試練に耐えて増配を続けている企業には、試練に耐えて成長を続ける本質的な価値があると思っていいでしょう。

未来を正確に見通すことはできませんが、10年以上増配を続けているなら、今後も増配する蓋然（がいぜん）性が高く、成長を続けて株価の上昇も期待できるのです。

6／売上高営業キャッシュフロー比率が20%以上ある

いざというときに頼りになるのはキャッシュ（現金）をどれだけ持っているかです。それは個人でも企業でも変わりはないでしょう。

キャッシュを安定的に稼ぎ出す仕組みがあれば、ライバル企業に打ち勝って高い競争力がキープできるようになります。そのキャッシュを再投資すれば、より多くのキャッシュを生めるようになります。加えて、コロナショックのような危機にも、余裕を持って対処できます。そして、連続増配の原資にもなります。

自由に使えるキャッシュをどのくらい効率的に稼いでいるかを示しているのが、「売上高営業キャッシュフロー比率」（CFマージン）です。次の式で計算します。

売上高営業キャッシュフロー比率（%）＝営業キャッシュフロー÷売上高×100

このうち営業キャッシュフローは「キャッシュフロー計算書」で、売上高は「損益計算書」で確認できます。

売上高は理解しやすい指標ですが、「営業キャッシュフロー」というのは耳慣れない言葉でしょう。キャッシュフローとは1会計年度に出入りしたキャッシュの流れを示すもので、「営業キャッシュフロー」「投資キャッシュフロー」「財務キャッシュフロー」の3つがあります。

もっとも大切なのは営業キャッシュフロー。本業の営業でいくらキャッシュを稼いだかを示しています。

投資キャッシュフローは資産の取得や売却で増減したキャッシュ、財務キャッシュフローは資金の調達や返済によって増減したキャッシュを意味しています。

営業キャッシュフローが重要なのは、会計上でもごまかしにくい指標だからです。売上高や利益はごまかす（粉飾する）**余地もありますが、営業キャッシュフローは透明性が高いので、粉飾しにくい指標。それだけ信頼できるのです。**

営業キャッシュフローには、営業段階でキャッシュが入るため、確実性が高いという特徴もあります。契約段階でも売り上げは立ちますが（つまり売上高としては換算できますが）、実際にキャッシュが入るのは先になります。

キャッシュとしていちばん当てにできるのが、営業キャッシュフローなのです。

エル流の米国株投資では、売上高営業キャッシュフロー比率が20％以上であることが条件の1つです。仮に1000億円の売上高がある場合、200億円以上の営業キャッシュフローが残るということです。

売上高営業キャッシュフロー比率は、銘柄ごとにネット検索などで調べることができます。多くの日本企業の売上高営業キャッシュフロー比率は8％もあればいいほうですが、アメリカのメジャーな銘柄はキャッシュを稼ぐパワーがあり、強い競争力につながっています。

たとえば、アメリカ経済を引っ張るＩＴセクターの売上高営業キャッシュフロー比率（2021年1月時点最新決算）を見ると、ビザ（Ｖ）47・8%、マイクロソフト（ＭＳＦＴ）42・4%、アップル（ＡＡＰＬ）29・4%など、高い水準となっています。

1つのセクターに偏らないように10銘柄程度で分散投資

ここまで個別株をどう選ぶかを見てきましたが、株式投資では「卵を1つのカゴに盛らない」のが鉄則です。

どんなに注意深く選んだとしても、1つのセクター（業種・部門）の銘柄に集中投資していると、そのセクターがなんらかの影響で大きな打撃を受けて株価が下落した場合、大きなダメージを被ります。

そうしたリスクを減らすために、卵（投資資金）を複数のカゴ（セクター）に盛る（投資する）のが鉄則なのです。

分散投資のやり方はいろいろありますが、参考になるのは米国株ＥＴＦのポートフォリオです。

個別株に山のように分散投資するETFは、特定のセクター内で分散投資するタイプと、複数のセクターで横断的に分散投資するタイプがあります。

そのうち、私が参考にしているのは、複数のセクターに分散投資するやり方。特定のセクターに偏るよりもリスクが小さいからです。


私が個別株でもETFでも気をつけているのは、成長が望める「ITセクター」の比率と、大きな成長は望めなくても景気変動に左右されにくい「生活必需品セクター」の比率を同等にしている点です。


ITを成長期待のグロース（成長）セクター、生活必需品を安定的な業績が想定できるディフェンシブ（守り）セクターとするなら、私の分散投資は〝ディフェンシブ・グロース〟とでも呼べるスタイルです。

一方で、**ほとんど投資していないセクターもあります。それは「公益事業」と「エネルギー」です。**

エル流 米国株分散投資のおもなセクターと銘柄投資比率（2020年12月末現在）

セクター		銘柄	投資比率
IT（情報技術）	⇒	マイクロソフト（MSFT）	23.6%
生活必需品	⇒	コストコ・ホールセール（COST）	21.0%
一般消費財・サービス	⇒	アマゾン・ドット・コム（AMZN）	17.0%
ヘルスケア	⇒	ユナイテッドヘルス・グループ（UNH）	14.1%
資本財・サービス	⇒	ユニオン・パシフィック（UNP）	10.7%
コミュニケーション・サービス	⇒	ネットフリックス（NFLX）	3.5%
金融	⇒	S&Pグローバル（SPGI）	1.4%
公益事業	⇒	ネクステラ・エナジー（NEE）	投資せず
エネルギー	⇒	エクソン・モービル（XOM）	投資せず

公益事業には電力会社、エネルギーには石油会社などがあります。

いずれも景気や政治といった外部要因の影響を受けやすい不透明な部分があるため、投資していないのです。

上に米国株のおもなセクターと代表的な銘柄、主要なセクターへの私の投資比率を掲げます（合計91・3％ですが、他8・7％は米国株ETFへの投資となります）。

どれくらいの投資資金かにもよりますが、公益事業とエネルギー以外のセクターから10銘柄ほど選び、均等に投資するのが個別株分散投資の第一歩です。

そこから銘柄数を増やしたり、ETFを増やしたりしてみてください。

エル流指標に「ROE」「自己資本比率」が入っていないワケ

このSTEPの最後に、少し専門的な話をします。興味のない方は、ここは飛ばして次のSTEP4へ進んでいただいて結構です。

米国株投資で重視される指標の1つに「ROE」（Return On Equity＝自己資本利益率）があります。米国株への投資経験者のなかには、「なぜROEが米国株選びのポイントに入ってないの？」と疑問に持つ人もいるでしょう。その疑問に答えたいと思います。

ROEは、次のように計算します。

ROE（%）＝当期純利益÷自己資本×100

「自己資本」とは、おもに株主から出資された資金です。日本では、貸借対照表にある「純資産の部」のうち、「株主資本」と「その他の包括利益累計額（評価・換算差額等）」を合計した金額です。「株主資本＝資本金＋利益剰余金など」です。

自己資本に対比する言葉に「他人資本」があります。他人資本とは、銀行などから借り入れた返済義務があるお金のことです。

自己資本＋他人資本を「総資本」といいます。

ＲＯＥとは、要するに「投じた自己資本に対して、どれだけの利益を上げられたのか」を示しており、株主重視の経営をしているかどうかを判断する指標になっていますから、機関投資家はＲＯＥを注視しています。

私も投資する際はＲＯＥをチェックしていますが、あえて前述した米国株選び6つのポイントにＲＯＥを入れていません。「ＲＯＥは30％以上でないとダメだ」といった画一的な見方をしないほうがいいと考えているからです。

投資家を呼び込むために、ＲＯＥを高めようと思ったら、できるだけ少ない自己資本で利益を上げることが求められます。その点、自己資本を蓄えず、限界まで他人資本（借入金）を増やして利益を上げればＲＯＥは高くなるのです。

自己資本は返済義務のないお金ですが、他人資本は返済義務があります。しかも、そこには支払利息も加わります。

ＲＯＥを高めるために、他人資本を導入すればするほど、コロナ禍のように、なんらかの原因でつまずいたとき、借金が返せなくなり、最悪の場合には倒産の憂き目を見ることにもなりかねません。

一方、ＲＯＥと関連する指数に「自己資本比率」があります。これは自己資本を総資本で割ったものです。

自己資本比率（％）＝自己資本÷総資本×１００

金融機関のようにお金を貸す側の立場に立つと、自己資本比率は高いほうが安心です。自己資本比率が低く、他からたくさん借金をしている企業にお金を貸してしまうと、回収できないリスクも考えられるからです。

企業にとっては、自己資本比率が高くなるほど、高い利益率を上げないとＲＯＥは高まりません。自己資本比率が高くなるほど、上がりにくくなる指標がＲＯＥだからです。

個人投資家は企業にお金を貸すわけではありません。倒産されたら困りますが、個人投

資家からすると、企業が自己資本比率を高めることに走るのは決して正しくないのです。過度に自己資本比率を高めすぎると、ROEを押し下げてしまいます。

資本調達にかかるコストを、「資本コスト」といいます。資本コストが高い会社は、株価が上がりにくい傾向があります。「資本コストを適正化しないと、株価は上がらない」というのは、私も過去に受けたアナリスト試験によく出る類いの問題です。

他人資本（借入金）には利子の支払いが求められますが、株主からお金を預かる自己資本では配当金を払う以外に、株価を上げるためのさまざまな施策が求められます。両者を天秤にかけると、教科書的には自己資本に頼るほうが資本コストは高くつきます。

こう考えると、ROEと自己資本比率は、企業を相反する視点から評価する指標といえるでしょう。

個人投資家は、ROEや自己資本比率といった数値に踊らされることなく、「借金しても、それ以上に儲けられる」といった成長性を秘めた企業を評価するべきです。

こうしたことから、エル流の米国株投資の指標にはROEや自己資本比率を入れていないのです。

STEP 4

目的別
米国株投資の最強
ケーススタディ6選

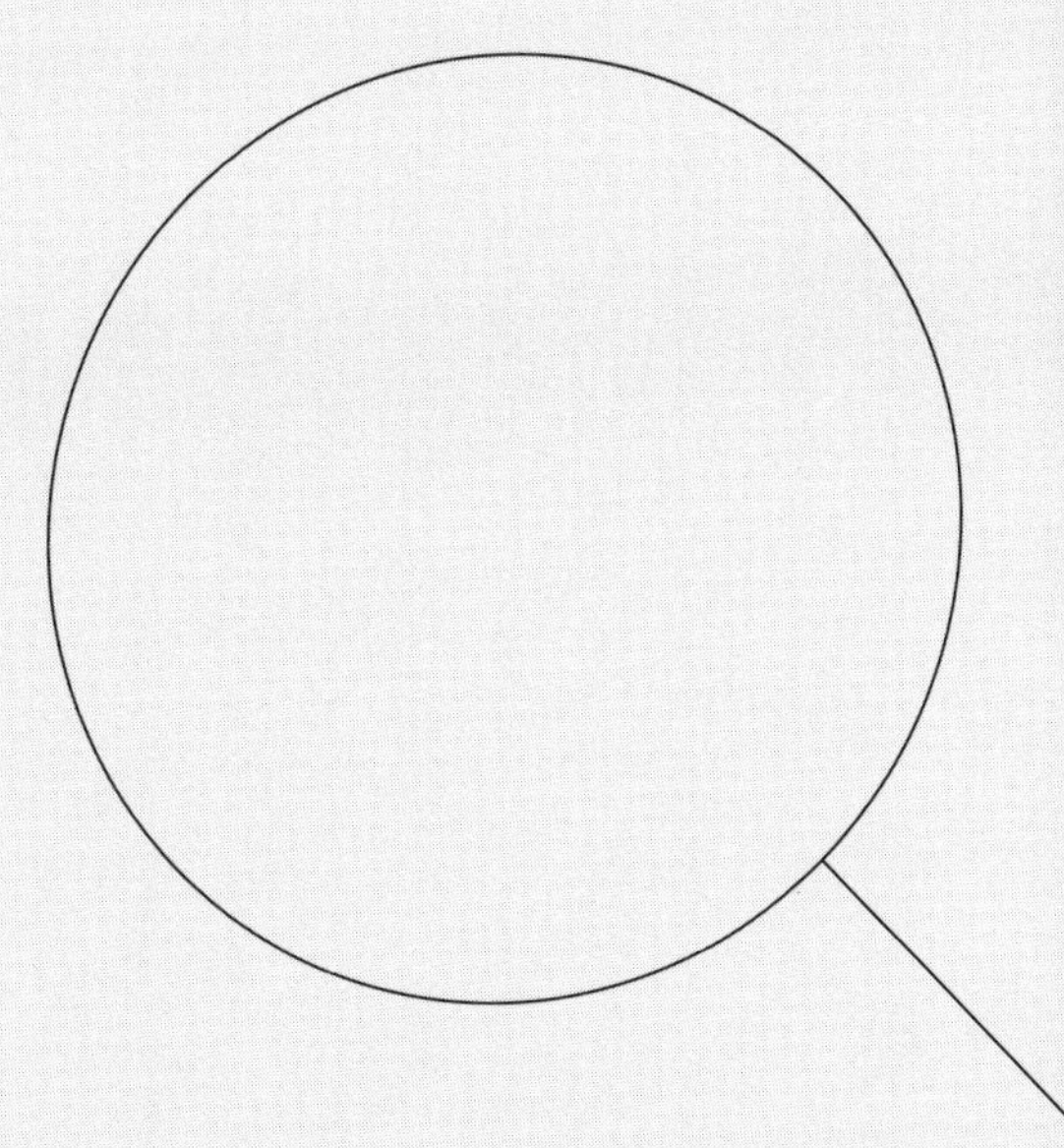

中長期米国株投資の第1選択肢は「米国株ETF」

このSTEPでは、年代や目的などから、中長期の米国株投資の6つのケーススタディをしたいと思います。

米国株投資では「個別株＋ETF」の組み合わせがベストですが、ここでは米国株ETFを主役に据えています。なぜ個別株ではなく米国株で運用されるETFを主役にするのか、その理由を説明します。

短期的には個別株のパフォーマンスは、S&P500や日経平均株価といったインデックスやETFを上回ることもできます。しかし、このSTEPで扱うような20〜40年といった長期にわたって、インデックスやETFを上回るためには、銘柄の臨機応変な入れ替えや、コロナショックに匹敵するような危機への対応といった細かいケアが欠かせません。そうなると、とくに初心者には少々難しい部分もあるでしょう。

プロの機関投資家が個別株を選びに選んで投資しても、中長期ではETFの運用成績に敵わないことは、さまざまなデータから明らかになっています。

バフェット氏も、「自分が死んだら資産の9割はS&P500に連動するバンガード社のETF、残りの1割は米国債で運用するように」と遺言しているほどです。

長期の投資で確実に結果を出すためには、リスクヘッジも大切です。個人で分散投資するには数十銘柄が限度ですが、ETFなら数百以上の銘柄に分散投資できるので、リスクヘッジの面からも個別株よりETFに軍配が上がるのです。

米国株ETFに投資するメリットを理解してもらったところで、このSTEPでとり上げるケーススタディのラインナップを紹介しましょう。

CASE1／**20代から貯金感覚で超長期投資**
CASE2／**20代で、40代での「FIRE」を目指して投資**
CASE3／**30代で、50代での「FIRE」を目指して投資**
CASE4／**30～40代で定年退職後の資産形成を目指して投資**
CASE5／**1000万円から1億円超えを狙って投資**
CASE6／**1000万円から10年で1億円超えを狙って投資**

これから順番に解説していきますが、その前に注意事項を確認してください。

【ケーススタディの注意事項】

・とくに断りがない限り、米国株のみでの運用を想定しています。
・サラリーマン投資家を想定しており、毎月一定額の追加投資が前提です。
・シミュレーションはあくまで毎年一定の年利で複利運用ができると想定したもの。預金や国債と違い、シミュレーション通りにならないおそれがあります。
・税金や手数料は考慮していません。証券会社で詳細は異なりますが、米国株ＥＴＦでは買付手数料無料、手数料の上限が20米ドル（税抜）、基本手数料が約定代金の0・45％（税抜）といったところが一般的なようです。
・シミュレーションには、モーニングスター社が提供する「金融電卓」を使っています。
・今回とり上げている米国株ＥＴＦが、多少形を変えながらでも20～40年の経年変化に耐えて継続すると仮定しています。

CASE 1／20代から貯金感覚で超長期投資

●初期投資：ゼロ
●毎月投資額：3万円、5万円、7万円
●期間と目標金額：30年間で5000万円 or 40年間で1億円

働き始めたばかりの20代では、貯蓄がほとんどない人もいるでしょう。そこで初期投資はゼロと想定します。その代わり、投資生活を始めてからは、毎月定額を投資に回すために〝セルフ天引き〟してください（56ページ参照）。

そこから貯金感覚で、30年間で5000万円、または40年間で1億円を狙います。期間が10年伸びると、目標金額が5000万円から2倍の1億円まで増やせるのです。

30〜40年という長期にわたる米国株ETFの年平均利回りは、5〜6％台と想定するのが無難でしょう。短期的にはそれを大きく上回ることも考えられますが、リーマンショックやコロナショックのような波乱がこれから何度か起こるでしょうから、余裕を見て5〜6％台と想定しておいたほうがいいと思います。

CASE1のシミュレーション

月々入金額→	3万円	5万円	7万円
30年で5000万円 年平均利回り	8.6%	6.0%	4.2%
40年で1億円 年平均利回り	7.9%	6.0%	4.8%

このシミュレーションによると、20代で米国株への投資で将来の資産作りを考えるなら、月3万円の積立では難しいことがわかります。年平均利回り8％以上をＥＴＦに期待するのは無謀とはいわないまでも、楽観的すぎるのです。

毎月5万円が投資できたら、年平均利回り6％で、30年なら5000万円、40年なら1億円がクリアできます。

仮に7万円を毎月投資できたら、平均利回り4％台という無難なリターンで同様の資産が築けるという計算が成り立ちます。

【CASE1のおすすめ米国株ETF】

ＣＡＳＥ1では、「プランＡ」と「プランＢ」という2つを用意しました。

プランAは、S&P500に連動している「バンガード・S&P500 ETF（VOO）」というETFに全額投資するシンプルなもの。過去5年間の運用実績からすると、年利10%以上のリターンが望めます。

VOOは、市場平均の値動きに追随することを狙って運用される「パッシブ運用」ですから、S&P500と同等のリターンがあればいいなら、このプランAでいいでしょう。

プランBでは、「バンガード・米国生活必需品セクターETF（VDC）」「バンガード・米国ヘルスケア・セクターETF（VHT）」「インベスコ QQQ トラスト・シリーズ1（QQQ）」という3つのETFに「4：3：3」の割合で分散投資します。

このうちQQQは「ナスダック総合株価指数」の銘柄のうち金融を除いた時価総額上位の約100銘柄で構成される「ナスダック100株価指数」に連動するETFです。GAFAMなど成長企業が集まるナスダックの主要ハイテク銘柄に投資しており、過去の運用実績では年利20〜30%のリターンが得られています。

QQQのみだと多少のリスクがあるので、より手堅く、景気の動向に左右されにくいVDCとVHTを組み合わせています。

GAFAMが牽引するIT企業の成長力を信じるなら、QQQの割合をもう少し増や

CASE1でおすすめのプランA

○「バンガード・S&P500 ETF(VOO)」×100%
S&P500指数のパフォーマンスへの連動を目指す代表的なETF。IT28%、ヘルスケア15%、一般消費材・サービス11%、通信サービス11%などの割合で、大型株に限って投資します。組入上位銘柄はGAFAMです。
市場価格352米ドル(約3万7000円)／過去の運用実績⇒
1年:11.87%　3年:11.94%　5年:11.44%

してもいいでしょう。IT企業の成長力に期待しつつも、より手堅い運用を目指すならQQQの割合をもう少し減らしてもいいでしょう。

ＶＤＣ、ＶＨＴ、ＱＱＱに４：３：３で投資した場合、２００４年２月から２０２０年９月までのデータを元にすると、約６倍（年平均利回り11・４％）となります。これは同時期のＳ＆Ｐ５００の約４・１倍（年平均利回り８・84％）を凌駕しています。

ちなみに、私が現在もっとも多く保有している米国株ＥＴＦは「バンガード・米国増配株式ＥＴＦ（ＶＩＧ）」ですが、ＶＩＧは今回のシミュレーション対象から外しています。

なぜなら、ＶＩＧは大型株で連続10年以上増配実績のある銘柄に投資する保守的な色合いが濃いＥＴＦだ

CASE1でおすすめのプランB

○「バンガード・米国生活必需品セクターETF（VDC）」×40%

景気に左右されにくい生活必需品を扱う米国株で構成される指数に連動するETF。プロクター・アンド・ギャンブル、ザ コカ・コーラ カンパニー、ペプシコがトップ3を占めています。

市場価格169米ドル（約1万7700円）／過去の運用実績⇒

1年:7.71%　3年:6.74%　5年:7.02%

○「バンガード・米国ヘルスケア・セクターETF（VHT）」×30%

医薬品、医療機器、バイオというヘルスケア・セクター銘柄で構成される指数に連動するETF。ジョンソン・エンド・ジョンソン、ユナイテッドヘルス・グループ、メルク・アンド・カンパニーがトップ3を占めています。

市場価格234米ドル（約2万4600円）／過去の運用実績⇒

1年:19.75%　3年:12.75%　5年:8.83%

○「インベスコ QQQ トラスト・シリーズ1（QQQ）」×30%

ナスダックの非金融大型株で構成されるNASDAQ100指数に連動するETF。IT47%、通信サービス20%、一般消費材・サービス19%と成長産業への投資に重点を置いています。組入上位銘柄はGAFAMとテスラです。

市場価格325米ドル（約3万4000円）／過去の運用実績⇒

1年:39.60%　3年:23.78%　5年:19.90%

（市場価格は2021年1月22日時点）

からです。資産形成をある程度終えた私のような立場ならVIGへの投資は妥当ですが、これから大きな資産を築こうという人にはVIGはやや保守的といえます。

そこでより高いリターンが望めるETFとしてVOOなどを紹介しているのです。

CASE 2／20代で、40代での「FIRE」を目指して投資

●初期投資：500万円
●毎月投資額：3万円、5万円、7万円
●期間と目標金額：20年間で4000万円、5000万円、6000万円、1億円

「FIRE」という言葉をご存知の方も多いでしょう。「Financial Independence,Retire Early」の頭文字を並べたもので、「経済的独立を果たした早期リタイア」を意味します。

一般的な早期リタイアでは、私と同様に50代での退職を標榜する方が大半ですが、FIREでは多くが30~40代での早期リタイアを目指しています。

FIREはアメリカで注目された生き方ですが、若いうちに企業で懸命に働きながら、

株式投資などでまとまった資産を築き、その後は企業や組織に縛られない自由なライフスタイルを選択するものです。

日本でもＦＩＲＥに憧れる若い世代が増えています。その基本プランは、年間支出の25倍の資産を築いたら、あとはそれを年利4％で運用していくというもの。投資が特別なことではなく、生活の一部になっているアメリカならではの発想です。

この4％という数字は、Ｓ＆Ｐ５００の年平均利回りを7％（２０００年のＩＴバブル崩壊と２００８年のリーマンショックを除くと、6～9％の範囲内に収まっています）として、そこからアメリカの年平均インフレ率３％（２０００年代以降、アメリカのインフレ率は、おおむね2～3％台）を差し引いたものです。

国税庁の『令和元年分民間給与実態統計調査』によると、いわゆるビジネスパーソンで1年を通じて勤務した給与所得者５２５５万人の給与階級別分布を見ると、年収３００万円超４００万円以下がもっとも多くて全体の17％、その次に多いのは年収２００万円超３００万円以下で全体の約15％となっています。

この2つを合わせると32％であり、ビジネスパーソンの3分の1は年収２００万円超

400万円以下ということになります。

仮に年収300万円だと手取りは240万円ほど。月々の支出は20万円となります。大都市圏で家族持ちだと厳しい金額ですが、独身で慎ましく暮らしていくというライフスタイルを貫けるなら、月20万円でもなんとかやっていけるのではないでしょうか。

家族持ちでも、ダブルインカムで同世代の夫婦2人がFIREを目指すなら、世帯年収は手取り480万円、月々の支出は40万円と倍増しますから、子どもが2人いても平和に暮らせるでしょう（以下は独身でシミュレーションを進めます）。

年間240万円で幸せに暮らせる自信があるなら、240万円×25＝6000万円が目標金額となります。その4％は240万円ですから、年利4％で運用できたら資産を切り崩すことなくFIREが可能になる計算です。

こうした前提に立ち、20代が20年後にFIREするための金融資産を、ETFで築くためのシミュレーションをしました。

目標金額は6000万円に加えて、もっと少額で暮らす自信がある人のために4000万円（想定年間支出160万円）と5000万円（想定年間支出200万円）、リタイア

CASE2のシミュレーション　初期投資ゼロ

月々入金額→	3万円	5万円	7万円
20年で4000万円 年平均利回り	14.1%	10.4%	7.8%
20年で5000万円 年平均利回り	15.7%	12.1%	9.5%
20年で6000万円 年平均利回り	17.0%	13.4%	10.9%
20年で1億円 年平均利回り	20.4%	17.0%	14.6%

後にもっと余裕のある生活がしたい人のために1億円（想定年間支出400万円）という合計4つのコースを考えてみます。

まずはCASE1と同じく、初期投資ゼロで毎月3万円、5万円、7万円を投資し続けるという仮定で「金融電卓」を叩いて、目標金額に届くための年平均利回りを計算してみました。結果は上記の通りです。

シミュレーションをしてみると、初期投資ゼロでいちばん実現性が高いのは、月々7万円の投資で、20年で4000万円を貯めるパターン。それでも7%台後半ですから、ETFで叶えられると楽観しないほうがいいでしょう。

20年で6000万円をターゲットにすると、月々7万円でも約11%の年平均利回りが求めら

CASE2のシミュレーション　初期投資500万円

月々入金額→	3万円	5万円	7万円
20年で4000万円を築く年平均利回り	7.9%	6.2%	4.7%
20年で5000万円を築く年平均利回り	9.3%	7.7%	6.3%
20年で6000万円を築く年平均利回り	10.4%	8.9%	7.5%
20年で1億円を築く年平均利回り	13.6%	12.2%	11.0%

れます。短期的にはETFでも可能ですが、それが20年間続けられる保証はありません。

そこでCASE2では初期投資をきちんと貯めてから、FIREを目指します。米国株投資は貯金ゼロからでも始められますが、ETFでFIREを目指すなら初期投資は用意したほうがいいと思います。

初期投資のためにいくら用意できるかには、個人差が大きいでしょう。

厚生労働省『2019年　国民生活基礎調査』によると、世帯主の年齢別に見た1世帯当たりの平均貯蓄額は29歳以下では約180万円となっています。今回はもう少し頑張って資金を貯めて、初期投資500万円を用意すると仮定してみましょう。

毎月3万円、5万円、7万円を投資し続けたら、目標金額に届くためにはどんな利回りが求められるでしょうか。

20代で500万円貯められるなら、月々7万円の投資が可能な人もいるでしょう。それなら年7・5%の利回りで20年後、6000万円に到達します。

ETFで運用利回り年利7%台半ばとちょっと背伸びするなら、CASE1でも登場している2つのETFを活用します。

【CASE2のおすすめ米国ETF】

・「バンガード・S&P500 ETF（VOO）」×80〜90%

・「インベスコ QQQ トラスト・シリーズ1（QQQ）」×10〜20%

ベースとなるのは、過去5年間の運用実績が年利10%を超えているVOOです。これに、より高いリターンが望めそうなQQQを加えます。

組み合わせの割合は「VOO：QQQ＝8〜9：1〜2」。GAFAMのようなIT企業の成長力を信じているなら、「VOO：QQQ＝8：2」としていいでしょうし、より

保守的に考えて「VOO：QQQ＝9：1」とするのも悪くないと思います。

同じく毎月7万円投資できる人で、20年後に4000万円か5000万円を目指すなら、平均利回りは年利5～6％台でOK。4000万円なら毎月5万円の投資でも同様です。これらはCASE1と同じようにプランA（VOOに100％投資）かB（VDC、VHT、QQQに分散投資）で達成できるでしょう。

CASE 3／30代で、50代での「FIRE」を目指して投資

●初期投資：1000万円、1500万円、2000万円
●毎月投資額：3万円、5万円、7万円
●期間と目標金額：20年間で5000万円、7000万円、1億円

3番目のシミュレーションは、30代が20年後、50代でのFIREを射程に入れて投資するケースです。

初期投資額は最低1000万円から、1500万円、2000万円と3パターン。前述

CASE3のシミュレーション

初期投資→ 目標金額↓	1000万円	1500万円	2000万円
5000万円	月々3万円:6.5% 5万円:5.4% 7万円:4.4%	月々3万円:4.8% 5万円:3.9% 7万円:3.0%	月々3万円:3.5% 5万円:2.8% 7万円:2.0%
7000万円	月々3万円:8.5% 5万円:7.5% 7万円:6.6%	月々3万円:6.7% 5万円:5.9% 7万円:5.2%	月々3万円:5.4% 5万円:4.7% 7万円:4.1%
1億円	月々3万円:10.7% 5万円:9.7% 7万円:8.9%	月々3万円:8.8% 5万円:8.1% 7万円:7.4%	月々3万円:7.5% 5万円:6.8% 7万円:6.3%

の調査では、30代の平均貯蓄額は530万円ですから、その2~3倍の貯蓄があることが前提条件となります。目標を決めて堅実に貯金を続けていれば、多くのサラリーマンにとって決して実現できない金額ではないと思います。

毎月3万円、5万円、7万円を投資し続けたら、目標金額に届くためにはどんな年平均利回りが求められるでしょうか。結果は上記の通りです。

初期投資1000万円で目標5000万円、もしくは初期投資1500万円か2000万円で目標7000万円を狙うなら、平均利回りは年利5~6%台でOK。初期投資1000万円でも毎月7万円投資できたら、年利6%台で7000万円をクリアできます。

初期投資2000万円なら、毎月5〜7万円の投資で、平均利回りが年率6%台で20年後には1億円に到達してFIREできます。**いずれもCASE1のプランA（VOOに100%投資）かB（VDC、VHT、QQQに分散投資）でいいでしょう。**

年平均利回り7%台半ばなら、初期投資1000万円なら毎月5万円の投資で7000万円、初期投資が1500万円なら毎月7万円の投資で1億円、初期投資2000万円なら毎月3万円の投資で1億円が貯められます。**これにはCASE2と同じように、VOOとQQQを8〜9：1〜2で組み合わせる投資が適しています。**

手持ちの資金が潤沢であり、なおかつ大きな資産形成を欲張らないなら、米国株ETF以外の選択肢も出てきます。初期投資1500万円か2000万円で5000万円を狙うケースのように、平均利回りが年利2〜4%台で済む場合です。

新たな選択肢となるのは「債券ETF」です。これまで紹介したETFは米国株に投資しますが、債券ETFは債券に投資します。

債券とは、国・地方自治体・企業が、資金を集める目的で投資家に発行する有価証券で

CASE3でおすすめの債券ETF

○「バンガード・米国トータル債券市場ETF（BND）」
ブルームバーグ・バークレイズ米国総合浮動調整インデックスのパフォーマンスへの連動を目指し、米国債・政府機関債におよそ42%を投資しています。
市場価格87米ドル（約9100円）／過去の運用実績⇒
1年:10.49%　3年:5.76%　5年:4.50%

○「iシェアーズ・コア 米国総合債券市場ETF（AGG）」
米投資適格債市場全般を示す指数と同等水準の投資成果を目指している債券ETF。投資先は米財務省、モーゲージ・パススルー証券が60%以上を占めます。
市場価格117米ドル（約1万2300円）／過去の運用実績⇒
1年:10.17%　3年:5.65%　5年:4.39%

（市場価格は2021年1月22日時点）

す。発行母体が破綻しない限り、満期になればお金が戻ってきますし、利子も得られます。

一般的に債券は株式よりも安全性の高い投資とされますが、投資の世界ではリスクとリターンは表裏一体です。株式は債券よりリスクが高い半面、得られるリターンも高くなります。債券は株式よりもリスクが低い半面、得られるリターンも低くなります。

米国株ETFに債券ETFを加えると、予想される平均利回りは下がりますが、安全性は高まります。ある程度の資産があり、無理をせずにFIREを目指したいなら、「米国株

ETF＋債券ETF」という投資スタイルもアリです。

CASE1のプランAかプランB、CASE2の組み合わせに、債券ETFを30～40％入れると、運用利回りが年利2～4％台に近づけるでしょう。

CASE4／30～40代で定年退職後の資産形成を目指して投資

●初期投資：1000万円、1500万円、2000万円
●毎月投資額：3万円、5万円、7万円
●期間と目標金額：30年間で8000万円、1億円、1億2000万円、1億5000万円

CASE4では、30～40代で定年退職後の資産形成を図りたい人のためのシミュレーションをします。初期投資は、CASE3と同じく1000万円、1500万円、2000万円という3つのパターン。毎月の投資金額も同じく3万円、5万円、7万円という3コースでシミュレーションしてみましょう。

CASE4のシミュレーション

初期投資→ 目標金額↓	1000万円	1500万円	2000万円
8000万円	月々3万円：5.7% 5万円：4.8% 7万円：4.0%	月々3万円：4.6% 5万円：3.9% 7万円：3.2%	月々3万円：3.8% 5万円：3.2% 7万円：2.6%
1億円	月々3万円：6.6% 5万円：5.7% 7万円：5.0%	月々3万円：5.5% 5万円：4.8% 7万円：4.2%	月々3万円：4.6% 5万円：4.1% 7万円：3.5%
1億2000万円	月々3万円：7.3% 5万円：6.5% 7万円：5.8%	月々3万円：6.2% 5万円：5.5% 7万円：4.9%	月々3万円：5.3% 5万円：4.8% 7万円：4.3%
1億5000万円	月々3万円：8.2% 5万円：7.4% 7万円：6.7%	月々3万円：7.0% 5万円：6.4% 7万円：5.9%	月々3万円：6.2% 5万円：5.7% 7万円：5.2%

30～40代が定年後を見据えた投資なので、期間は30年としました。2021年4月から70歳までの就業機会確保を狙う「改正高齢者雇用安定法」が施行され、再雇用を含めた定年を70歳に延長することが企業の努力目標とされます。それを踏まえると30年という投資期間は、妥当なものといえるでしょう。

投資期間が長くなると、目標とする金額も大きくなります。今回は8000万円、1億円、1億2000万円、1億5000万円という4つのコースを考えました。

これまでのケースと同じように、平均利回りが年利5～6%台でいいなら、CASE1のプランA（VOOに100%投資）かプランB（VDC、VHT、QQQに分散投資）でいいでしょう。

初期投資1000万円で毎月5万円投資できたら年平均利回り5・7%で1億円、初期投資1500万円で毎月5万円投資できたら年平均利回り5・5%で1億2000万円、初期投資が2000万円で毎月5万円投資できたら年平均利回り5・7%で1億5000万円がそれぞれ貯められるのです。

平均年率7%台半ばでの運用を目指すなら、CASE2と同じようにVOOとQQQを8〜9：1〜2の組み合わせが適しています。初期投資1000万円でも、毎月3万円投資できたら年平均利回り7・3%で1億2000万円、毎月5万円投資できたら年平均利回り7・4%で1億5000万円になります。初期投資1500万円で、毎月3万円投資できたら年率7・0%で1億5000万円になるのです。

安全面に重きを置いて平均利回りを年利2〜4%台とするなら、CASE3と同じように、CASE1のプランAかプランBに債券ETF（BNDかAGG）を30〜40%組み入れてもいいでしょう。

CASE4は初期投資が多く、投資期間も30年と長いため、どのパターンでも余裕のあるプランが立てられます。株式投資は長く続けるほど複利の恩恵が得やすくなるのです。

51歳で早期退職するまでに築いた私の資産は、このケーススタディと同じく1億5000万円ほどです。

私は米国株ETFのみで資産を築いたわけではありませんが、仮に30歳で1000万円の資産があり、毎月10万円ずつ60歳まで30年間投資し続けたとすると、運用利回りが年利5・8%でちょうど1億5000万円になります。

CASE5／1000万円から1億円超えを狙って投資

●初期投資：1000万円
●毎月投資額：3万円、5万円、7万円
●期間と目標金額：20年、25年、30年、40年で1億円

CASE5は、これまでとは多少毛色が変わっています。目標金額1億円、初期投資1000万円で〝億り人〟を実現するまで期間別に必要な平均年利回りを求めてみました。期間が20年だと、いずれの月々入金額でも年平均利回り9～10%台が求められますから、

CASE5のシミュレーション　初期投資1000万円

月々入金額→ 投資期間↓	3万円	5万円	7万円
20年	10.7%	9.7%	8.9%
25年	8.2%	7.3%	6.5%
30年	6.6%	5.7%	5.0%
40年	4.6%	3.8%	3.1%

米国株ＥＴＦへの投資では厳しいことがわかります。期間が25年に伸びると、毎月５万円の投資で年率７・３％。ＣＡＳＥ２と同じようにＶＯＯとＱＱＱを８〜９：１〜２で組み合わせる投資が適しています。

毎月７万円を25年または30年投資する、毎月５万円を30年投資する、毎月３万円を30年または40年投資する場合なら、それぞれ平均利回りが年率５〜６％台ですから、ＣＡＳＥ１のプランＡ（ＶＯＯに１００％投資）かプランＢ（ＶＤＣ、ＶＨＴ、ＱＱＱに分散投資）でいいでしょう。

期間40年で毎月の投資額が５万円か７万円なら年率３％台ですから、ＣＡＳＥ１のプランＡかプランＢに債券ＥＴＦ（ＢＮＤかＡＧＧ）を30〜40％入れると十分クリアできるでしょう。

CASE 6／1000万円から10年で1億円超えを狙って投資

●初期投資：1000万円
●毎月投資額：10万円
●期間と目標金額：10年で1億円

読者のなかには、「20年とか30年とか、悠長なことはいっていらない。米国株でもっと早く儲ける方法が知りたい」という人も多いでしょう。

米国株に限らず、株式投資は中長期で実践していくほうが無難ですが、中長期をどのくらいの長さに設定するかは、個人の感覚とライフスタイルに応じて変わります。なかには10年でも十分に中長期だと考える人もいるでしょう。

そこで、このSTEPの最後に、「初期投資1000万円を10年で1億円にする方法」を提案します。月々の投資金額は10万円。短期間で〝億り人〟を目指すには、毎月これくらいの投資が必要になります。

「金融電卓」で計算すると、それにはジャスト年利20％の運用利回りが必要だとわかります。年平均利回り20%をＥＴＦに望むのは難しいので、ここは米国株の個別株投資の出番です。

用意したのは、私が保有している40銘柄以上の米国株でも選りすぐりの「最強の10銘柄」。これに10%ずつ均等に投資し続けるとします。期間中、割合を変えるリバランスをせずに配当を再投資し続けると、10年後にはどうなるでしょうか。

２００９年１月から２０２０年７月まで（正確には10年ではなく11年６か月）の実績では、１万米ドルを投入すると10万３２１９米ドルになっています。

年率に直すと22・33%ですから、20%を上回っています。過去の実績（トラックレコード）を見ると、「最強の10銘柄」なら、１０００万円を10年後に１億円にすることも十分可能なのです。

しかも、これはＣＡＳＥ６の前提とは異なり、追加資金なしです。なぜ、こんなことが可能になるかというと、配当を再投資したシミュレーションだからです。配当金を再投資しない場合は、８万５５３３米ドルになります。

トラックレコードでは、ベストイヤーで年率37%、ワーストイヤーでも年率９%、最大資産からの下落率（マックス・ドロー・ダウン）もマイナス15%に留まっています。

より専門的にいうなら、シャープ・レシオ（一定期間の投資収益を毎月の成績のばらつき具合で割ったもの）も1・6で極めて優秀。難しくなるので詳しい説明は省きますが、要するにこれはリスクとリターンのバランスを示す指数であり、1・6というのはVOOなどのETFに比べて、ローリスク・ハイリターンの投資ができていることを意味します。

エル流「最強の10銘柄」はこれだ！

1000万円の軍資金を10年後に1億円にしてくれる「最強の10銘柄」とは一体どんな銘柄なのか。それは私がこれまでずっと主張してきた通り、ポピュラーな銘柄でありながら収益性と成長性を秘めているものが主体です。

決して奇をてらったラインナップではなく、米国株投資の王道的な銘柄揃いだと自負しています。

次ページ表の6以降は、メジャーではあるものの日本人には耳慣れない銘柄も含まれていますから、それぞれの銘柄について簡単に解説してみましょう。参考までに、世界最大

エル流「最強の10銘柄」

1	ビザ(V)	NYSE
2	ナイキ(NKE)	NYSE
3	コストコ・ホールセール(COST)	ナスダック
4	ロッキード・マーチン(LMT)	NYSE
5	マコーミック(MKC)	NYSE
6	ホーム・デポ(HD)	NYSE
7	ユニオン・パシフィック(UNP)	NYSE
8	ユナイテッドヘルス・グループ(UNH)	NYSE
9	ダナハー(DHR)	NYSE
10	チャーチ・アンド・ドワイト(CHD)	NYSE

手の格付機関である「S&Pグローバル・レーティング」による格付も付記します。

1/ビザ(V)　S&P格付:AA－

クレジット決済の世界トップブランド「Visa」を発行しています。社会人なら誰でもVisaマークの入ったクレジットカードを1枚は持っているのではないでしょうか。私の家庭では3〜4枚使っています。

クレジットカードの発行元は、「三菱UFJニコス」や「クレディセゾン」などありますが、ビザとカード発行元のビジネスモデルはまったく異なります。

ビザは、発行元に支払いサービスという「インフラ」を提供して、決済手数料で安定的に稼ぐビジネスモデル。これに対して発行元は、「リボ払い」など個人への与信で稼ぐビジネスモデルです。

ビザ自体は与信をしているわけではありませんから、利用者の返済能力が落ちて延滞が増えても被害を受けることは避けられます。さらに、クレジットカード以外にも、ペイパル（ＰＹＰＬ）などの電子決済サービスとも提携しており、新しいキャッシュレスサービスにも対応する万全の態勢を整えています。

ビザと同様の盤石な仕組みを整えているのは、他にはマスターカードだけ。両者を比べると、収入・利益・資産の大きさはいずれもビザのほうが格上で、時価総額は米国株10位となっています（２０２１年1月22日時点）。

会社の信用力を示す外部格付（Ｓ＆Ｐ）でも、ビザが「ＡＡ－」とマスターカードの「Ａ＋」を上回っています。

ビザもマスターカードも新型コロナの影響で営業益がダウンし、株価も下がりました。しかし、こうした事態でもない限り株価が下がることはありませんから、割安で仕入れる絶好のチャンスかもしれません。私はビザにもマスターカードにも投資しています。

２／ナイキ（NKE）S&P格付：AA－

ナイキは世界一のスポーツ用品メーカーです。日本では米ナイキと独アディダスはよきライバルのように扱われていますが、１位のナイキと2位のアディダスとの間には、売上高などで大きな差があります。

ナイキのブランド力と製品開発力はスポーツ用品メーカーでズバ抜けており、アメリカのＭＬＢやＮＢＡなどのプロスポーツ選手、オリンピック選手と契約しています。２０２０年からは、ＭＬＢにユニホームを提供しており、その契約金額は10年間で10億米ドル（約１０５０億円）となっています。

この契約により、ナイキのロゴマーク「スウッシュ」がＭＬＢ全チームのユニホームの胸元に入ることになりました。日本でも、多くの駅伝選手がナイキの厚底シューズをレースで使用しており、ナイキアスリートである大迫傑（おおさこすぐる）選手が厚底シューズで男子マラソンの日本記録を2度更新するなど、絶大なＰＲ効果を発揮しています。

ナイキはデジタル化にもいち早く対応しています。データ分析会社を買収してノウハウをとり入れている他、将来的には売上高の半分以上をＥＣに移行しようとしています。

3／コストコ・ホールセール（COST） S&P格付：A＋

日本でもビジネスを展開している有料会員制の小売り量販店で、景気に左右されにくい生活必需品セクターです。小売りチェーンというカテゴリーで、売上高は世界最大のウォルマート（WMT）に次ぐ2位であり、時価総額も同じく2位となっています。

ウォルマートとの違いは、「有料会員制」であること。収益の柱は会費なので、取扱商品を絞ったうえで、調達コストとほぼ変わらない低価格で提供して会員を増やしています。飛行機の格納庫を改造した店舗が発祥で、その流れをくむ大型の倉庫型店舗で商品陳列や在庫管理にかかるコストを削減しています。

4／ロッキード・マーチン（LMT） S&P格付：A－

世界最強の軍事力を誇るアメリカで、最大手の軍用機メーカーです。売上高のおよそ7割がアメリカ政府向けとなっています。もしアメリカ政府が軍事力を削減すると経営的に大きな打撃を受けますが、軍事で台頭している中国への対応が求められていますから、その心配は中長期的にもなさそうです。

なかでも、ロッキード・マーチンが中心となって開発しているF35ステルス戦闘機は、米軍向けだけで2000機以上の調達が進められています。日本の自衛隊向けも100機以上を予定しており、その費用は数兆円規模です。

「軍事産業に投資するのはちょっと気が引ける」という人もいるかもしれませんが、米国株に投資するETFの多くはロッキード・マーチンにも投資していますから、ETFへの投資は間接的にはロッキード・マーチンへの投資を意味しています。

5／マコーミック(MKC)　S&P格付：BBB

マコーミックは世界最大の調味料メーカーです。なかでも市場規模2000億円とされるアメリカでナンバーワンの売上高を誇る圧倒的トップブランド。日本では「ユウキ食品」が販売元となっており、マコーミックブランドの商品はスーパーなどで見かけられます。北米のみならず、イギリスやフランスでも3～5割のシェアを占めています。

景気に左右されにくい生活必需品セクターであり、スパイスやハーブなどの調味料は

「食」の基本ですから、今後もビジネスは堅調と予想しています。連続34年間増配の強さもあります。マコーミックは私と相性のよい銘柄で、これまで何度か売ったり買ったりを繰り返していますが、そのたびに大きな利益を得ています。

6／ホーム・デポ（ＨＤ）　Ｓ＆Ｐ格付：Ａ

ホーム・デポは世界最大のホームセンターです。アメリカ国内を中心に２０００店舗以上を展開しています。

アマゾン・ドット・コムが進出すると、俗にいう〝アマゾン・エフェクト〟で大打撃を受ける業界や市場は多いのですが、ホームセンターはその影響をもっとも受けにくい業界の１つとされています。単に商品を売るだけではなく、専門知識を持ったスタッフがＤＩＹの相談に応じるなど、ノウハウの提供が利用者にとって大きな魅力だからです。

ホームデポは、オンラインでも１００万点の品揃えを誇っていることが強みです。

新型コロナの蔓延以降、アメリカではＤＩＹ需要が増えており、客単価も増えています。最近では、アウトドア用品や園芸用品なども売り上げを伸ばしています。

7／ユニオン・パシフィック（UNP）　S&P格付：A－

ユニオン・パシフィックは、アメリカ最大の鉄道会社です。日本で鉄道というと人を運ぶビジネスをイメージしますが、ユニオン・パシフィックを始めとするアメリカの鉄道各社が運ぶのは人ではなく、おもにモノ。ユニオン・パシフィックが運んでいるのは、石炭、化学品、農作物、完成車などです。

人を運ぶJRなど鉄道各社は、コロナ禍で人の移動が制限されて打撃を被りましたが、モノの移動は経済活動に不可欠です。アメリカ経済が拡大すると物流も増えますから、中長期的にも堅調と思われます。

アメリカの鉄道各社は「精密定期鉄道」（PSR）と呼ばれる経営モデルを導入しており、業務と経営の効率化に成功しています。

鉄道はインフラビジネスですから、新規参入が難しい〝堀の深い〟ビジネスです。バフェット氏率いる投資会社バークシャー・ハサウェイも、ユニオン・パシフィックに次ぐ全米第2位の鉄道会社であるBNSF鉄道を2兆円以上の価格で買収して、傘下に収めています。

8／ユナイテッドヘルス・グループ（UNH）　S&P格付：A＋

世界最大のヘルスケア企業であるユナイテッドヘルス・グループは、各種医療保険を扱うユナイテッド・ヘルスケア社と、医療情報サービスを扱うオプタム社という2社から構成されています。ヘルスケアは暮らしに欠かせないセクターです。

アメリカの医療と保険の仕組みは、日本とは大きく異なります。とくにオプタム社が扱う「薬剤給付管理」（PBM）は日本にはありません。処方薬を管理し、医薬品会社と契約・交渉・値引きなどを一手に行う仕組みです。

なるべく医薬品のコストを抑えたい保険会社や消費者と契約して、代わりに医薬品会社と価格交渉する仲介ビジネスともいえます。

アメリカの医薬品の市場規模は世界のおよそ半分を占めており、処方薬はオプタム社を含む5大PBM社が管理しています。

ヘルスケア業界にもデジタル化の波が押し寄せていますが、ユナイテッドヘルス・グループはデジタルヘルスを担うスタートアップ企業を買収して態勢を整えています。

9／ダナハー（ＤＨＲ）　Ｓ＆Ｐ格付：ＢＢＢ＋

日本人でダナハーという名前を見聞きしたことのある人はほとんどいないでしょうが、売上高は2兆円を超えており、時価総額も17兆円超（２０２１年1月21日時点）。米国株投資家でも投資している人は少ない銘柄ですが、隠れた優良企業です。

ダナハーは不動産投資会社として出発し、現在ではヘルスケア部門のコングロマリット（複合企業）に進化しています。４００社以上の企業買収を進め、そこから「選択と集中」を重ねて業績と収益を上げています。

そこで駆使しているのは、トヨタ自動車の「カイゼン」を範として開発した「ダナハー・ビジネス・システム」（ＤＢＳ）という独自の経営手法。これにより買収した企業の利益率を高めて、それらをスピンオフ（分離）して収益を上げています。

２０１６年に工業機械部門をスピンオフ、18年には歯科部門をスピンオフしており、現在の主軸は救急医療や病理検査、免疫や血液などに関わる医療機器です。

10／チャーチ・アンド・ドワイト（CHD）　S&P格付：BBB+

こちらも日本人はほとんど知らないのに、ほとんどのアメリカ人が知っている企業の代表格。「アーム&ハンマー」という重曹（ベーキングソーダ）の会社として19世紀に創業した日用品の老舗メーカーです。

重曹以外にも、洗剤、歯磨き粉、漂白剤、脱毛クリームなどを取り扱い、80以上のブランドを持っています。

景気に左右されにくい生活必需品セクターであり、この分野の巨人ともいえるプロクター・アンド・ギャンブルに比べるとぐっと規模も売上高も小さいのですが、成長性に優れており、株価のパフォーマンスがよい点を高く評価しています。

これら「最強の10銘柄」に、私は2万ドル以上をほぼ均等に投資しています。割安になったら追加で購入することはあり得ますが、売ることは当分ないと思っています。

あらためてリストを眺めてみると、ポピュラーな銘柄の組み合わせで、過去の実績とはいえ年率20%を超えるリターンが望めるのが、米国株の素晴らしさです。

仮に「最強の10銘柄」と同じセクターから、日本株でアシックス、三菱重工業、花王、東日本旅客鉄道（JR東日本）、味の素といった銘柄を集めて投資したとしても、同じようなパフォーマンスは期待できないでしょう。

年率20％を超えるリターンなんて夢のまた夢。選んだ私がスゴいのではなく、米国株のパフォーマンスが凄すぎるのです。

この「最強の10銘柄」は、私の投資経験を踏まえて多くの銘柄から「守りにも攻めにも強い」という観点でチョイスしたものです。

過去の実績は未来を保証するわけではありませんが、過去に比べてこれからの10年が悪くなったとしてもなお十分なリターンを期待できます。そう思って私は「最強の10銘柄」に、各2万ドル以上を投資しているのです。

STEP 5

エル流
早期リタイア
成功4つの条件

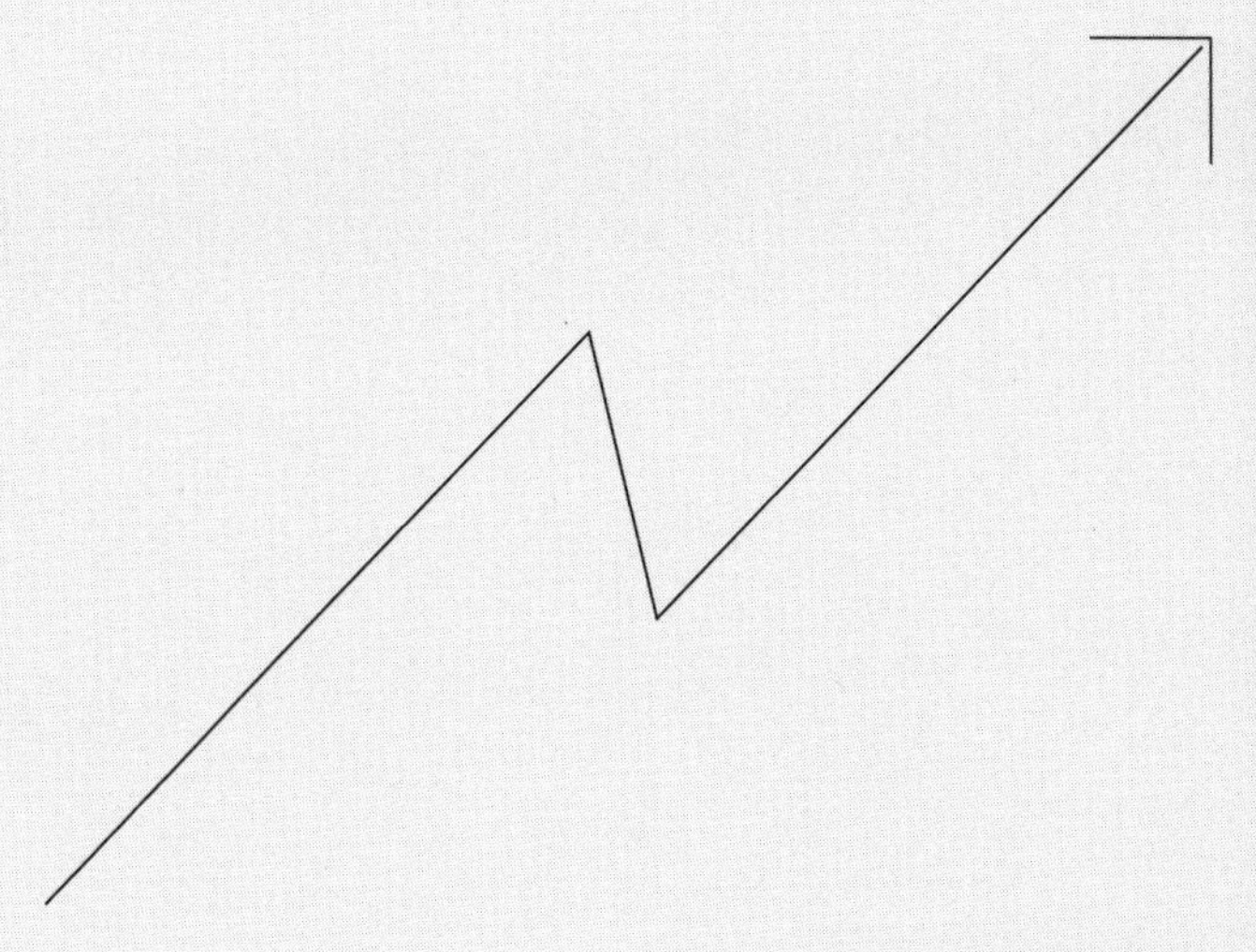

早期リタイアするための4つの条件

私は40歳のときに、50代前半でのリタイアが果たして可能なのかを考え始め、次ページの4つの問題をクリアする必要があると思いました。そのすべてをクリアできたから、予定を1年前倒しにして早期リタイアを果たしたわけです。

早期リタイアを検討するうえで、いちばんの課題となるのは「お金の問題」です。それについては、項目をあらためて詳しく検証します。

2つ目は「生き甲斐・やり甲斐の問題」。会社ひと筋で仕事が生き甲斐のような人は、退職後に生きる目的を失い、鬱っぽくなるケースが多いようです。私は会社も仕事も嫌いではありませんでしたが、それ以外にも読書・音楽・映画・旅行、そして投資と、多くの趣味や「やること」がありました。

早期リタイア後は好きなことに時間を割けるようになるのですから、生き甲斐もやり甲斐も尽きることはないと楽観していました。これといった趣味がない人でも、好奇心さえ失われなければ、自然に何かやりたいことが見つかるのではないでしょうか。

早期リタイアでクリアするべき4つの問題

1	お金の問題
2	生き甲斐・やり甲斐の問題
3	家族の問題
4	友達の問題

お金の問題を除くと、3つ目の「家族の問題」がとても重要です。独身なら問題になりませんが、家族持ちには早期リタイアに対する配偶者の理解は欠かせません。

私は早期リタイアを決める前から、妻に株式投資について理解を求めていました。株式市場の暴落がニュースになったときは、余計な心配をかけないように、「市場は混乱しているけど、僕は大丈夫だから」と伝えていました。

早期リタイアが現実味を帯びてからは、なんのための早期リタイアかという目的を伝えて、経済面の心配はいらないという根拠を示して理解を得ました。早期リタイアを許容して応援してくれた妻には、心の底から感謝しています。

最後は、「友達の問題」です。骨の髄まで会社人間で、友人関係も会社関連に限られているとしたら、早期リタイアした後の人間関係が希薄になるおそれがあります。

私は会社を早期退職する前から、読書会や映画鑑賞会などのコミュニティを主催してきたので、趣味を介した友人関係がありました。いまだに旅行に誘ってくれる学生時代の友人もいます。こうした会社関連以外の人間関係を構築しておくことも大切だと思います。

早期リタイア後のお金問題をクリアする

他の問題をすんなりクリアできたとしても、お金の問題がクリアできない限り、早期リタイアは絵に描いた餅です。

生活コストなどの支出面で将来を心配しすぎたり、反対に資産運用を軸とした収入面を楽観視しすぎたりすると、早期リタイアを現実的に考えるうえで障害となります。

そこで大切なのは、世間一般の平均ではなく、家族を含めた自分自身の極めて個人的な現状・経験を踏まえること。これまでの生活の延長線上で現実的なシミュレーションをすることです。

「2020年に53歳でのセミリタイア」を想定して、私は次のようなシミュレーションをしていました。そのために活用したのがネットの「逃げ切り計算機」です（その名前でネット検索すれば容易にヒットします）

【前提条件】

○リタイア開始年齢：53歳
○退職金：2000万円
○保有金融資産：1億円をセミリタイア開始時に保有していると仮定
○運用利回り：年利3～5％でシミュレーション（次ページ表）
○年金受給開始年齢：65歳
○受給年金の月額：夫婦合算で20万円（厳しめの設定）
○年金支給開始までの年間支出額：非公開（現役時代よりも支出を引き締める前提）
○年金支給開始後の年間支出額：年間300万～500万円でシミュレーション（次ページ表）
○年間インフレ率：0％（簡略化のため）

「逃げ切り計算機」による資産が尽きるまでの年齢シミュレーション

年間支出額→ 運用利回り↓	300万円	400万円	500万円
年利3%	100歳以上	86歳	76歳
年利4%	100歳以上	107歳	83歳
年利5%	100歳以上	100歳以上	97歳

この結果を踏まえると、年間400万円の支出なら、たとえ運用利回りが年利3％でも男性の平均寿命（約80歳）を大きく上回ることができそうでした。

過去はあくまで過去にすぎないのですが、これまでの実績（トラックレコード）を踏まえると、私の投資実績が年率5％を超えるのはそう難しくはないと考えています。であれば、年間500万円の支出でも、天寿はまっとうできそうです。

この他に、親の介護といった特別出費は覚悟しないといけませんが、お金の問題をクリアしたこともあり、私は2019年1月に前倒しで早期退職したのです。

年収1000万円を捨てて「失ったもの」「得たもの」

私は28年勤めた会社を早期退職してセミリタイア生活に入り、「失ったもの」と「得たもの」があります。

まず失ったものは、もちろん会社員としての給料です。退職前の私の年収は1000万円以上で、もっとも高い年収を得ていたタイミングでリタイアしました。

実は会社を辞める前、自分の市場価値を知りたいという思いもあり、ちょっとだけ転職活動をしたことがあります。そのうちの1社の上層部の方からは、「私があなただったら、いまの会社に1分でも長くいますよ」といわれました。

次に失ったのは、会社員という「属性」です。勤めていた金融機関は世間的には社会的な信用度が高いところだったので、その社員である恩恵はそれなりにあったと思います。

実際、住宅ローンの審査は、ほぼフリーパス。もしも会社員時代に不動産投資のため、銀行に多額のローンを申し込んだとしても、おそらくパスしたでしょう。それも会社員としての属性のなせるわざです。

世間体も失ったものの1つです。まだ50代なのにどこの組織にも属さず、いわゆる仕事をしていない状態は、対外的には説明しにくい雰囲気を感じます。

息子たちに好きな人ができたときに、相手から「お父さんはどんな仕事をしているの？」と聞かれたら、彼らは一体なんと答えるのでしょうか。「投資家だよ」と胸を張っていってくれたらいいのですが、相手がどんな反応を示すかは想像できません。以前の職種と勤め先を答えたほうが、おそらく相手の納得感は高いでしょう。

最後に意外に痛いのが、通勤定期券を利用できないことです。私は読書と音楽が趣味なので家にいるのも好きですが、出かけるのも同じくらい好き。これまでは休日の外出時に通勤定期券が使える区間もあって助かっていたのですが、セミリタイア後は使えなくなり、その分交通費が増えています。

以上が失ったものですが、得たものはそれを遥かに上回ります。それは当然のことで、だからこそ早期退職を選択したわけです。

セミリタイアで得たものは、何よりも「時間」です。

最近よく「人生100年時代」といわれますが、平均寿命がいくら延びても1人ひとりはいつ死ぬかわかりません。病気で半年後に死ぬこともあれば、何かの事故で明日死ぬ確率もゼロではないので、人生で時間こそがもっとも大切な財産だと私は思っています。

自由時間が生まれたことで、さまざまなメリットがありました。

親孝行と家族とすごす時間が増えたことは、いちばんの恩恵です。新型コロナが蔓延する前に母と親子水入らずでベトナム旅行に出かけられましたし、息子たちとも東南アジア旅行を楽しめました。

会社員時代とは違い、ゴールデンウィークやお盆休みなど交通費や宿泊費が割高な時期を避けられるメリットもあります。

この他、自由時間が増えたことで、ブログの更新回数が増えて読者のアクセス数が増えた、何もせずにボーッとリラックスできる時間が増えた、たっぷり昼寝ができる、家事の時間を増やして妻の負担が軽減できる……といったメリットもあります。

私は仕事がそんなに嫌いでもなく、上司にも恵まれていましたから、「嫌いな仕事から解放された」「嫌な上司との縁が切れた」といったメリットはとくに感じていません。

退職前後でお金の使い方は大きく変わらない

会社員時代の稼ぎ手は私１人。毎月決まったお金を妻にわたし、それで家計を管理してもらっていました。家計のマネジメントに関しては、妻のほうが得意だからです。

妻にわたしている金額は、セミリタイア後も会社員時代とまったく変わっていません。爪に火を灯すようなケチケチ生活がしたくて早期リタイアしたわけではないので、日常の暮らしは会社員時代の延長線上で淡々と続けているのです。

妻とは職場結婚でした。彼女は結婚後に離職して専業主婦になりましたが、以前から老人医療に高い関心があり、息子たちが大きくなってから一念発起して看護学校に３年間通い、45歳で看護師の資格を取得しました。頭が下がるほどの頑張り屋さんで、自分の妻ながら尊敬しています。

少し前から病院で働いていますが、看護師という仕事は体力を使いますから、いったん退職をして、しばらくお休みする予定です。これで、ようやく夫婦２人で旅行に自由に行けるようになります。

早期リタイアしてから、格別贅沢をしているわけでもありません。

後述する日本株の短期売買などで値上がり益が得られたら、月々もらっていた給料を上回る収入が転がり込むこともあります。ただ、会社員時代から投資でコンスタントに利益を出していたわけですから、給料がなくなった分だけ収入は相対的に減っています。以前よりも贅沢をする理由はないのです。

衣食住でいちばんお金を使っているのは「食」です。その点は会社員時代と変わりません。それも星つきレストランで高いワインを開けるといったバブリーなものではなく、自宅で家族が囲む食卓を豊かなものにするために使っています。

お米、野菜、畜産物などは産地を選び、本当によいと思ったものを日本全国からとり寄せているのです。

健康でないとセミリタイア生活は長く楽しめません。その土台となるのは、丁寧な食生活だと思っています。ちなみに、お酒は発泡酒で満足できます。

衣食住のうちの「衣」は、ファーストリテイリングとのつき合いが長いこともあって、もともとユニクロがメインです。会社を辞めてからはスーツ不要でクリーニング代もかかりませんから、リタイア後のほうが服飾費は安く済んでいます。

レバレッジを効かせてローン返済を終えたマンションに住んでいますから、衣食住の「住」でかかるのは、月々の管理費と修繕積立金くらいです。

会社を辞めてからは、住民税や健康保険料が安くなりました。その点は生活コストの削減に寄与しています。

住民税や健康保険料は前年の収入ベースで計算されますから、2019年に早期退職後、初めて請求された2020年の住民税は1年間で1万7300円。会社員時代とは比べられないほどの減少です。

健康保険は国民健康保険に切り替えましたが、こちらは在職中は保険料の半分を会社が負担していたのが全額負担になったため、大きくは変化していません。

配当・分配金がセミリタイア生活の不安をやわらげる

「FIRE」でもそうですが、リアイア後の株式投資としては配当金（インカムゲイン）に重きを置いた投資が妥当とされています。しかし、本当にそうでしょうか？

ポートフォリオ全体での利益の最適化を目論むべきであり、インカムゲインに偏りすぎるのはよくないと私は思っています。

私自身、かつて配当株に偏りすぎて失敗した痛い経験があるのです。

早期退職する直前、配当金に注力した投資に舵を切ろうとしたことがありました。そこで投資した米国株が世界最大のたばこメーカー「フィリップ・モリス・インターナショナル」（PM）です。日本たばこ産業（東証一部・2914）も高配当株として知られていますが、同じように米国株ではフィリップ・モリスが高配当株のシンボル的な存在でした。

ところが、米国企業でもESG（環境・社会・ガバナンス）を重要視するトレンドが予想を超えて一気に高まった結果、世論や社会の動向に敏感な機関投資家が、たばこメーカーへの投資を一斉に回避するという事態が生じて株価が急落しました。

この先いくら待ってもESG重視のトレンドは変わらないと悟り、他のセクターへ投資をシフトするために、フィリップ・モリス株を売却。早期退職して初年度の年頭に、800万円の「実現損」を計上するという前途多難な船出となりました。

これは単一の個別株では30年近い投資家人生で最大の損失です。

ただ、２０１９年には日本株への投資が好調で大きな利益を出したおかげで、最終的な年間損益は２０００万円以上のプラスとなりました。フィリップ・モリス株の損失がなかったら、３０００万円近いプラスだったのです。

そうした失敗もあり、現在では配当金目当ての投資に偏ることなく、配当金と値上がり益の合わせ技により、トータルでプラスになるようなポートフォリオを構築しています。

２０１９年に米国株で受けとった配当金は、およそ１万２４００米ドル（約１３０万円）。日本株の配当金を加えると総額は３４８万円。単純計算だと月平均29万円の配当金を得た計算になります。

米国株は四半期ごとに配当金を出すのが通例です。保有している個別株、ＥＴＦの決算期はバラバラですが、そこからの配当・分配金の入金を知らせるメールを証券会社から毎月受けとっています。

米国株の配当は再投資しますが、それでもメールを受けとるたびに、保有株が刻々とお金を生み続けているという実感が得られます。

それは毎月振り込まれる給料がなくなるセミリタイア生活の不安をやわらげる役割を果たしています。

早期リタイア後の投資との向き合い方

生活水準は毎月給料を得ていた早期リタイア前と変わりませんが、金融資産は減るどころか着々と増えています。近い将来、2億円、3億円を超える日が訪れると秘かに思っています。

ポートフォリオは、「米国株7：日本株3」の割合です。

このうち米国株は中長期保有が狙い。銘柄をしばらく大きく入れ替えるつもりはなく、投資額を減らすつもりもありません。逆にコロナ禍で割安になったお気に入りの銘柄や米国株ETFを買い増しているくらいです。

コロナ禍で購入金額がもっとも大きかったのは、サーキットブレーカーが作動している最中に買ったマイクロソフト（MSFT）とバンガード・米国増配株式ETF（VIG）。

マイクロソフトはいうまでもない成長株のリーディング銘柄であり、VIGはディフェンシブ銘柄の組み入れが多いお気に入りのETFです。

私は以前からキャッシュポジションを極力持たないフル・インベストメントスタイル。

それでも日々の生活費やクレジットカードの引き落としなどのために、銀行口座にキャッシュを入れておく必要があります。

日本株の取引は、このキャッシュを生み出す元手にもなっています。

米国株と違い、日本株は比較的短期で売り買いをしています。つねにウォッチする銘柄を証券会社の取引画面などに登録しておいて、割安のタイミングで仕入れて適正価格になったら売り、値上がり益を得ているのです。

30年近い投資歴があるので、一度触った経験のある銘柄が多数あります。それらは株価や業績、財務内容の推移が頭に入っていますから、買い時かどうかは直感的にわかります。

これまで投資したことのない銘柄が気になったら、有価証券報告書や決算短信に目を通したうえで、少なくとも過去10年間の株価や業績などをチェックします。そのうえで投資するかどうかを判断します。

米国株に関しては、人気の銘柄を普通に買う「順張り」が有効ですが、日本株に関しては相場の下落局面で買い、上昇局面で売るという「逆張り」が有効だと思います。少なくとも、私はそのやり方で少なからぬ値上がり益を得ています。

たとえば、通信費を下げることを公約に掲げる菅義偉政権が登場し、通信セクターが軒並み値を下げたとき、NTTドコモ（東証一部・9437）、KDDI（東証一部・9433）、ソフトバンク（東証一部・9434）と通信大手3社を買いました〔その直後にNTTがドコモに対してTOB（株式公開買付）による完全子会社化を発表したタイミングで全株売却〕。

コロナ禍で大幅に下げた日本株も買っています。実例を2つ挙げましょう。

1つは、「無印良品」を国内外で展開する良品計画（東証一部・7453）です。「無印良品」は中国でも人気が高く、多くの店舗を展開していました。新型コロナが中国国内で急速に広がり、中国でビジネスをする企業の株が売られたとき、私は良品計画の株を買い、7割ほど上がった段階で売却して値上がり益を得ました。

もう1社は、ビジネスホテル「ドーミーイン」を運営している共立メンテナンス（東証一部・9616）です。外出制限がかかり、ホテルの稼働率が落ちて、ホテル関連株が広く売られたときに買い、こちらも7割ほど上がった段階で売却して値上がり益を得ました。

現役時代には手を出さなかったのに、リタイア後に始めた株式投資に「信用取引」があります。すでに触れたように、現役時代は職務上の縛りがあり、信用取引やFXのような投機性の高い取引には手を出せなかったのです。

信用取引ではコロナ禍で暴落した「Ｊ－ＲＥＩＴ」（不動産投資信託）を買い、思惑通りに値上がりしたところで売却して値上がり益を得ました。このときは値上がり益を現金化せず、生活必需品セクターなどディフェンシブな米国株を買い足しました。

株式投資がしたくて早期退職したわけではありませんが、株式投資にたっぷり時間を割けるようになった結果、セミリタイア後の運用パフォーマンスは事前の予想を上回っています。

コロナ禍でも焦らずに運用ができているのは、仕事に追われるような生活をしていないからだと思います。

とはいえパソコンに張りついて株価をずっと見ているわけではなく、保有している銘柄と気になる銘柄の値動きを１日に１～２回チェックしたら、あとは自分の趣味や家族との時間を大切にしながら、のんびりと生活しています。

保有米国株全リストはこれだ！

このSTEPの最後に、2020年12月末日現在、私が保有している米国株銘柄とその投資額ウェイトを公表します。米国株投資の参考にしつつ、最新データに関しては私のブログで随時更新しますので、そちらをご覧ください。

なお、ウェイトは低いですが、本書STEP3「エル流 米国株選び6つのポイント」に合致していない新興企業も一部含まれています。

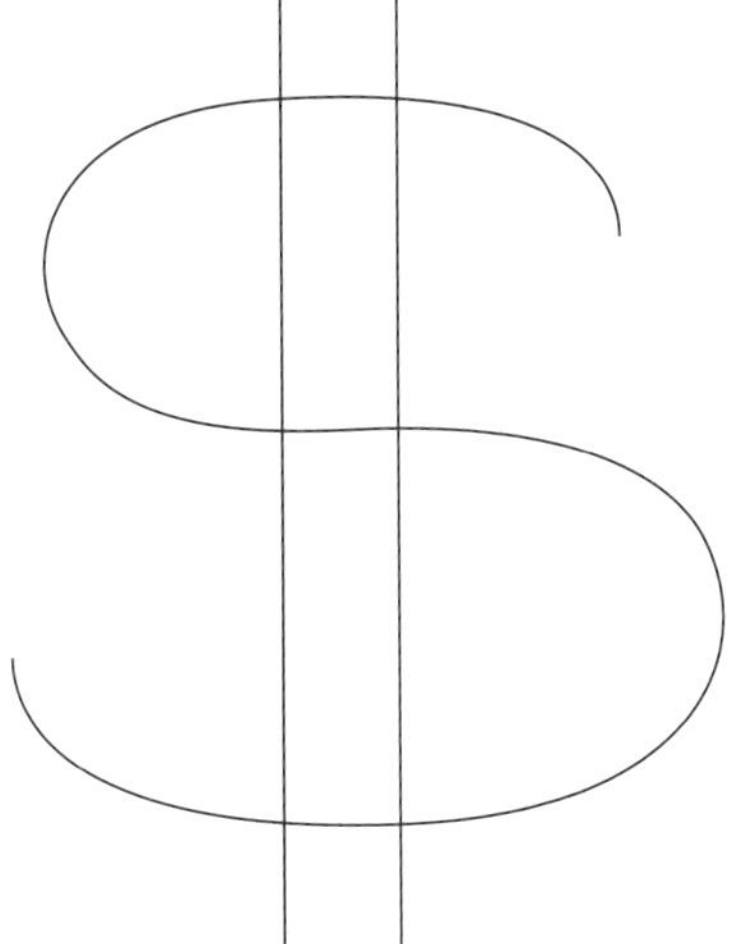

【エル】保有米国株全リスト

Name	Ticker	Weight(%)
バンガード・米国増配株式ETF	VIG	8.77
アマゾン・ドット・コム	AMZN	6.88
マイクロソフト	MSFT	4.15
アップル	AAPL	4.14
ナイキ	NKE	3.16
ビザ	V	2.99
コストコ・ホールセール	COST	2.95
ユナイテッドヘルス・グループ	UNH	2.88
ユニオン・パシフィック	UNP	2.85
マコーミック	MKC	2.85
チャーチ・アンド・ドワイト	CHD	2.82
ホーム・デポ	HD	2.81
ロッキード・マーチン	LMT	2.78
ダナハー	DHR	2.76
アッヴィ	ABBV	2.66
スリーエム	MMM	2.17
フィリップ・モリス・インターナショナル	PM	2.14
クラウドストライク・ホールディングス	CRWD	2.11
エヌビディア	NVDA	2.08
アルトリア・グループ	MO	2.04
ネットフリックス	NFLX	2.02
ペプシコ	PEP	1.84

Name	Ticker	Weight(%)
ウォルマート	WMT	1.83
シャーウィン・ウィリアムズ	SHW	1.83
テスラ	TSLA	1.75
プロクター・アンド・ギャンブル	PG	1.73
ショッピファイ	SHOP	1.69
スクエア	SQ	1.62
CVSヘルス	CVS	1.61
ペイパル・ホールディングス	PYPL	1.60
ブリストル・マイヤーズ・スクイブ	BMY	1.54
ペロトン・インタラクティブ	PTON	1.51
ウォルト・ディズニー	DIS	1.46
ジョンソン・エンド・ジョンソン	JNJ	1.37
S&Pグローバル	SPGI	1.35
エッツィ	ETSY	1.33
スターバックス	SBUX	1.33
マスターカード	MA	1.33
アボット・ラボラトリーズ	ABT	1.22
ボーイング	BA	1.06
ズーム・ビデオ・コミュニケーションズ	ZM	1.05
ドミノ・ピザ	DPZ	1.05
セールスフォース・ドット・コム	CRM	0.88
SPDR ダウ工業株平均 ETF	DIA	0.04

おわりに

私は兵庫県尼崎市の経済的に恵まれない家庭に生まれ育ちました。勉学に励み、某私立大学に合格。実家にお金の余裕はなかったものの、大学初年度だけ親に学費を捻出してもらいました。その後は奨学金を得て、アルバイトをして生活費を稼ぎ、大学を卒業。某大手金融機関に就職し、２０１９年に早期退職するまで28年間勤めました。

本書で詳(つまび)らかにしたように、米国株投資は私の早期リタイアを強力に後押ししてくれました。私が強調したいのは、日本でも多くの人が知っているような米国企業への長期投資が、いちばん確実に資産を増やしてくれるということです。

経営規模・収益性・成長性など、あらゆる点において日本企業に勝る米国企業があふれています。日本でもよく知られる有名企業やＥＴＦ（上場投資信託）に投資することで、読者の皆さんの資産は10年も経てば、きっと大きく育っていることでしょう。

米国株投資は、日本のネット証券から、日本株と同様に簡単に売買できます。米国の一次情報を得なくても、日本経済新聞で得られる情報で十分ですから、英語が得意でない私でも大きな資産を築くことができたのです。

私は投資ブログ「【L】米国株投資実践日記」に投稿していますが、これまで触れてこなかった事実があります。それは発達障害を抱えた息子がいること。彼の生活・学習をサポートする必要があったことも、早期リタイアをした理由なのです。

2018年に大ヒットした映画『ボヘミアン・ラプソディ』を観て、私は大きな影響を受けました。1991年に45歳の若さで亡くなった英ロックバンド「クイーン」のボーカルだったフレディ・マーキュリーの激動の半生を描いた伝記映画ですが、「人は必ず死ぬ」ということをあらためて感じたのです。そして私は、先々の準備ばかりで、いまできることを先送りする人生を変えようと考えるようになりました。皆さんも先々のことを考えて投資でお金を貯めるだけでなく、人生において「いましかできないこと」にお金と時間を使っていただきたいと思います。私は、そのために早期リタイアしたのです。

私の初の著作を手にとってくださった皆さんに心より感謝申し上げます。本書があなたの人生を経済的な面で充実させるために、少しでも役立てば幸いです。

2021年1月　エル

［著者］**エル**

投資ブログ「【L】米国株投資実践日記」を運営し、Twitterで1.5万人のフォロワーを持つ投資歴29年の個人投資家。大手金融機関に勤めながら40歳のときに2020年までに早期リタイアすることを目標に掲げた。米国株投資をメインに資産1億円を築き、中学生と高校生の子どもを抱えながらも計画前倒しで2019年1月に51歳で早期退職。現在は資産運用の7割を米国株投資に振り向け、現役時代とまったく変わらない生活を送っている。日本経済新聞、ラジオNIKKEI、QUICK、日経マネー、日経ヴェリタス、週刊エコノミストなどメディア登場多数。

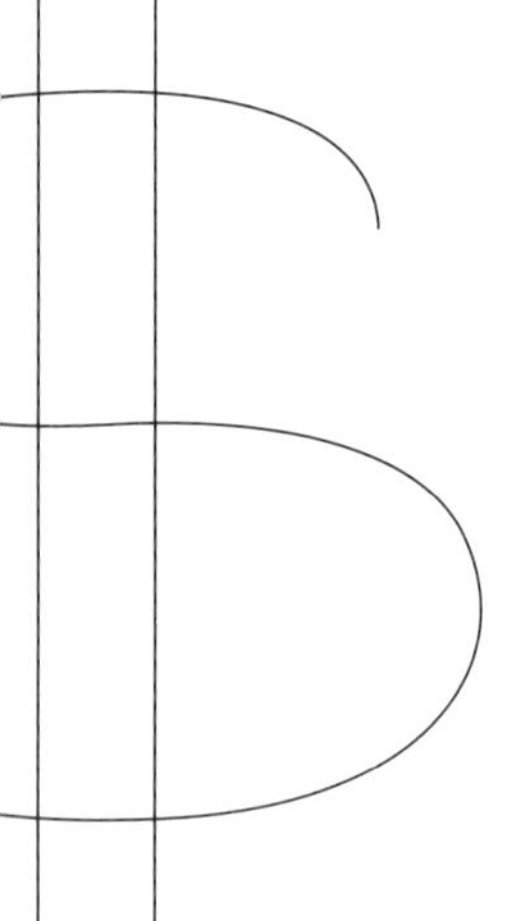

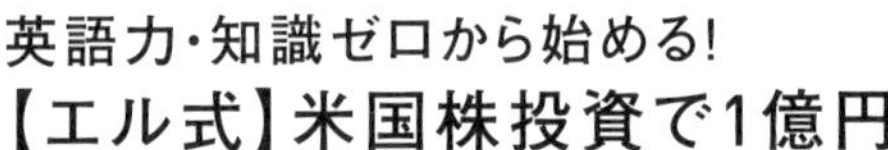

英語力・知識ゼロから始める!
【エル式】米国株投資で1億円

2021年2月9日　第1刷発行
2021年2月25日　第2刷発行

著者　エル
発行所　ダイヤモンド社
〒150-8409 東京都渋谷区神宮前6-12-17
https://www.diamond.co.jp/
電話／03-5778-7233（編集）
03-5778-7240（販売）
デザイン　岩永香穂（MOAI）
編集協力　井上健二
カバーイラスト　平戸三平
製作進行　ダイヤモンド・グラフィック社
印刷・製本　三松堂
編集担当　斎藤順

ISBN 978-4-478-11256-4